Mary McCormack OCD

Vorwort von P. Roberto Maria Pirastu OCD

Jesus auf den ich schaue

Beten in der Tradition des Karmel

VERLAG CHRISTLICHE INNERLICHKEIT

Für meine Eltern,
die mich beten lehrten

Englische Originalausgabe:
Mary McCormack OCD, Upon this Mountain.
Prayer in the carmelite tradition.
2009 Teresian Press Oxford, ISBN 978-0-947916-09-1

Deutsche Ausgabe vorbereitet und übersetzt von
P. Roberto Maria Pirastu OCD und Dr. Anneliese Reiter

1. Auflage Oktober 2014
Verlag Christliche Innerlichkeit
1190 Wien, Silbergasse 35
www.ci-verlag.at

Bildnachweis:
Loretto-Gemeinschaft: S. 1, 7
Archiv Karmel: S. 11, 23, 35, 45, 69, 73, 83, 89
Monika-Maria Leithner: S. 13, 15, 17, 27, 31, 40/41, 48/49, 51, 55, 59, 63, 79, 93, Rückseite
Karmel Maria Jeutendorf: S. 91

Layout und Hersteller: THE BEST KUNSTVERLAG
4600 Wels, Einsteinstraße 28, Tel. 07242/52864
www.thebest.at, www.kirchenfuehrer.eu

ISBN 978-3-901797-44-6

Inhalt

Vorwort von P. Roberto Maria Pirastu OCD 4

Abkürzungen 6

Prolog – Die Tradition des Gebetes 7

Kapitel

1 Der Anfang des Betens 17

2 Gebet als Beziehung 35

3 Hin zur Ruhe 51

4 Kontemplation als Apostolat 63

Epilog – Der Karmel als Garten 79

Karmelitanische Gemeinschaften 94

Vorwort

Heutzutage, ein halbes Jahrtausend nach der Geburt der hl. Karmelitin Teresa von Avila (1515 – 1582), besuchen viele Menschen Seminare aller Art, um das Meditieren zu lernen. Auch in christlichen Kreisen ist die Sehnsucht nach stillem und innerem Gebet spürbar und das Angebot an Veranstaltungen auf diesem Gebiet ist sehr vielfältig.

Was aber ist „Meditation" – was ist überhaupt Gebet? Und was erwartet mich auf diesem Weg oder – etwas direkter formuliert – „was bringt das"?

Sr. Mary McCormack gibt in diesem tiefsinnigen Buch Antworten auf diese Fragen, indem sie aus der eigenen Erfahrung spricht. Sie ist seit über 40 Jahren Karmelitin und bekleidete schon mehrere Ämter in diesem kontemplativen Orden, vor allem aber war sie lange mit der Ausbildung der jungen Schwestern und mit deren Hinführung zum inneren Gebet befasst.

Liebe Leserinnen und Leser, Sie werden bei der Lektüre dieses Buches einer Frau begegnen, die durch und durch vom Charisma ihrer Ordenseltern Teresa von Avila und Johannes vom Kreuz geprägt ist: beide Kirchenlehrer auf Grund ihrer geistlichen Lehre.

Die erfahrene Karmelitin schreibt nicht in erster Linie für Schwestern oder Ordensleute, sondern bewusst für alle, die in sich die Einladung spüren, sich auf das Abenteuer einer intimen Beziehung mit Jesus Christus in ihrem Inneren einzulassen. Dazu sind wir alle berufen und im Grunde fähig, wir sind „zu Größe berufen", wie schon damals Teresa sagte.

Wenn auch der Kern der karmelitanischen Spiritualität zweifelsohne das als persönliche Beziehung verstandene innere Gebet ist, werden Sie doch in diesem Buch keine

Vorstellung irgendeiner genauen oder sogar strengen „Technik" finden, denn in diesen Dingen soll die Seele nicht „eingepfercht" werden, wie sich die freiheitsliebende Teresa einmal ausdrückte. Es wäre also unangemessen, besondere Techniken vorzuschreiben.

Sr. Mary wird Sie viel wesentlicher auf dem Weg einer wahren Freundschaft begleiten, die – wie auch zwischenmenschliche Freundschaften – ebenso Glücksmomente wie Herausforderungen umfassen wird, Berührtsein und Trockenheit, schmerzhafte Selbsterkenntnis und Erfahrung des Angenommenseins, gefühlte Nähe und Zeiten, in denen wir unsere Vorstellung von „Gottesnähe" revidieren müssen … – auf alle Fälle eine Freundschaft, die der Freiheit und Entschlossenheit bedarf.

In dieser spannenden Beziehung zwischen uns und Jesus Christus wird uns das Gebet immer mehr zu einem Vollzug, der vom Alltag nicht mehr zu trennen ist, sondern unsere ganze Person in Anspruch nimmt und uns in die tätige Liebe hineinwachsen lässt. Teresas Intuition war es doch, dass gerade das kontemplative Gebet eine starke apostolische, also „nach außen gerichtete" Dimension hat.

Ich wünsche Ihnen, liebe Leserinnen und Leser, dass Sie sich in diesem Büchlein von der Leidenschaft einer erfahrenen Freundin Gottes anstecken lassen und wertvolle Hilfen für Ihren je ganz persönlichen Weg in Ihr Inneres, wo Jesus selbst wohnt, entdecken.

P. Roberto Maria Pirastu OCD

Inneres Gebet ist Verweilen bei einem Freund,
mit dem wir oft allein zusammenkommen,
weil wir sicher wissen, dass er uns liebt.

(Teresa von Avila, Buch meines Lebens 8,5)

Abkürzungen

Werke von Teresa von Avila:

C Weg der Vollkommenheit (Camino de Perfección)
M Innere Burg (Moradas del Castillo Interior)
V Leben (Vida)
F Das Buch der Gründungen (Fundaciones)

Werke von Johannes vom Kreuz:

CA Geistlicher Gesang (Cántico espiritual), 1. Fassung
CB Geistlicher Gesang (Cántico espiritual), 2. Fassung
D Merksätze von Licht und Liebe (Dichos de luz y amor)
L Lebendige Flamme der Liebe (Llama de amor viva)
N Dunkle Nacht (Noche Oscura)
R Romanzen (Romances)
S Aufstieg zum Berg Karmel (Subida del Monte Carmelo)

Die Übersetzungen der Textstellen sind – falls nicht anders angegeben – den im Verlag Herder erschienenen vollständigen Neuübertragungen entnommen.

Prolog

Die Tradition des Gebetes

Gott ist so groß,
dass er es wohl wert ist,
ihn ein Leben lang
zu suchen.

Teresa von Avila

Die Sehnsucht des menschlichen Herzens nach Gottesbegegnung führt seit Jahrhunderten dazu, das Geheimnis des Gebetes zu erforschen. Jede Generation von Menschen kommt im Verlauf ihrer Suche wieder auf die Weisheit und die Einsichten all derer zurück, die vorangegangen sind. Jede neue Generation fügt auch ihre eigene Erfahrung auf dieser Reise zur Quelle und zum Zentrum des Lebens hinzu. Wir sind niemals allein auf diesem ganz persönlichen Weg. Wir werden ermuntert, gelehrt und inspiriert durch „eine solche Wolke von Zeugen" (Heb 12,1).

Das Zeugnis des Karmel

Die Heiligen des Karmel werden unter diesen Zeugen als besonders hilfreiche und ermutigende Weggefährten anerkannt. Sie haben in jedem Abschnitt der Reise etwas anzubieten und unterstützen den zögernden Anfänger genauso gut wie den müden, vom Wetter gegerbten Reisenden, der schon lange unterwegs ist. Teresa von Avila und Johannes vom Kreuz stützen sich zwar auch auf die früheren Traditionen und auf ihre Zeitgenossen, sprechen aber aus einer schwer erkämpften Erfahrung heraus und bieten eine Lehrsammlung, die beinahe jeden Aspekt des Gebetslebens abdeckt. Sie sprechen mit einer Autorität, die sich vom Leben selbst herleitet.

Johannes war der Sohn eines Mannes, der bereit war, aus Liebe alles zu opfern. Da es seinem Vater Gonzalo de Yepes nicht erlaubt war, seine Braut in seinen eigenen Rang in der Gesellschaft zu heben, entschied er sich dafür, die Armut seiner geliebten Catalina anzunehmen, und teilte ihr Leben als Weber. Kein Wunder, dass Johannes, die Frucht einer solchen Liebe, später in seinen *Romanzen* schrieb: „In der vollkommenen Liebe herrscht dieses Gesetz: Der Liebende muss der ähnlich werden, die er liebt" (R 7, eigene Übers.). Und er schreibt dem Sohn Gottes Worte zu, die sein eigener Vater äußern hätte können: „Ich werde meine Braut suchen gehen und die Müdigkeit und die Mühen, unter denen sie so leidet, auf mich nehmen" (R 7). Wenn Johannes von Gottes uneingeschränkter Liebe zu uns spricht, kennt er nur die Sprache zärtlicher Leidenschaft.

Durch Teresas gesamten Bericht über ihr Leben – von ihrer Jugend bis zu ihrem Tod – ziehen sich die Präsenz und der Einfluss von Freunden. Zu manchen Zeiten waren ihre Freundschaften eine Quelle der Gefahr und Ablenkung. Aber ohne die Inspiration und die Unterstützung einer großen Vielfalt von Freunden hätte sie niemals mit der Reform des Karmel angefangen oder wäre fähig gewesen, die damit verbundenen Mühen und Schwierigkeiten auszuhalten. Teresa freute sich sehr über die Liebe der Freunde und erwiderte sie warmherzig, doch sie erfuhr durch sie auch Schmerz und Enttäuschung. Ihre vielen Briefe an Freunde enthüllen, wie sie sich um sie Sorgen und Gedanken machte, sie schalt und neckte, sich ihnen anvertraute und sich beklagte. Ohne Zweifel war die Freundschaft zwischen Teresa und Johannes, auch wenn sie sehr zurückhaltend gewesen sein mag, für beide ein Ansporn auf ihrem Weg zu einsamen spirituellen Höhen. Zur eigenen inneren Befreiung gelangte Teresa, als sie sich schließlich nicht mehr zum Beten in der konventionellen Art und Weise der strukturierten Meditation zwang und sich erlaubte, sich einfach über die Freundschaft mit Jesus Christus zu freuen.

Gebet und Leben

Teresa und Johannes können mit Selbstsicherheit lehren, weil sie zuerst und vor allem die Wahrheit über sich selbst gelernt haben. Ihre Worte klingen authentisch, sogar wenn sie es wagen, jene Erfahrungen der höheren Stufen des Gebetes zur Sprache zu bringen, die mit Worten beinahe nicht auszudrücken sind. Die Größe ihres Beitrags zur spirituellen Lehre besteht zum Teil darin, dass sie zu versuchen bereit sind, uns – auf ihre unterschiedliche Art und Weise und uns zuliebe – weiterzugeben, was es bedeutet, in bewusster Einheit mit Gott zu leben. Wenn sie sich genauer über die Erfahrung auf der Gebetsstufe äußern, die sie „geistliche Vermählung" nennen, dann deshalb, weil diese die Rechtfertigung für die Forderungen all ihrer früheren Lehren ist. Sie wollen uns einen flüchtigen Blick auf das geistliche Leben schenken, wie es am reichsten und tiefsten ist, um uns zu ermutigen, den Preis dafür auf uns zu nehmen.

Teresa betont, dass die Vorbedingungen für ein ernsthaftes Gebetsleben die Liebe zu den anderen, Loslösung auf allen Ebenen und demütige Selbsterkenntnis sind. Johannes ist bekannt für die Strenge, mit der er im Detail die Schritte der Reinigung darlegt, die wir freiwillig unternehmen oder passiv erdulden müssen, wenn wir zu einer wirklichen Begegnung mit Gott im Glauben gelangen möchten. Aus ihrer ausgeprägten Bewusstheit heraus sprechen sie davon, dass viele Menschen nicht die höheren Stufen des kontemplativen Gebetes erreichen, weil sie dem göttlichen Wirken in ihrem Leben nicht großzügig genug Antwort geben. So sagt Johannes in seinem Vorwort zum *Aufstieg zum Berg Karmel*: „Es ist schade, viele Menschen zu sehen, die in einer unzulänglichen Art des Umgangs mit

Gott verbleiben, weil sie sich von diesen Anfängen nicht lösen wollen noch es können oder sie niemand einweist und unterrichtet" (Vorwort 3). Alle aber sind dazu eingeladen weiterzugehen, denn Gott sehnt sich einfach danach, sich in unser leeres Herz zu verströmen und uns in das strahlende Geheimnis der Liebe der Dreifaltigkeit hereinzuholen.

Zu Größe geboren

Verfolgen wir Teresas Beschreibung des Weges des Gebetes, ist es schwierig zu zählen, wie oft sie sagt: „Seine Majestät wünscht ..." Und als die Braut im *Geistlichen Gesang* schließlich in den Stand der geistlichen Vermählung eintritt, eröffnet Johannes seinen Kommentar mit einer der jubelndsten Passagen in all seinen Schriften, die zur Gänze der Freude des göttlichen Bräutigams gewidmet ist. Mit Hilfe von bekannten Bildern aus dem Evangelium zeigt er, dass dies der Höhepunkt des Erlösungswerkes Christi ist: „Ebenso sehen wir hier diesen liebevollen Hirten und bewunderungswürdigen Bräutigam, wie er seine Wonne und Freude darüber kundgibt, dass er nun die Seele für sich gewonnen und zur Vollkommenheit geführt hat, er hat sie auf seine Schultern genommen und hält sie in seinen Händen, glücklich über diese ersehnte Verbindung und Vereinigung" (Geistlicher Gesang, 2. Fassung, Kap. 22, Vorbemerkung nach der Übers. von Alkofer). Wir sind zur himmlischen Feier eingeladen: „Freut euch mit mir ...!"

In den folgenden Kapiteln verbreitet sich Johannes über die erhabenen Gnaden, die der Mensch empfangen hat, welcher so weit in das Geheimnis Gottes eingedrungen ist. Als er versucht, das Unbeschreibliche zu beschreiben, entringt sich ihm ein Schrei: „O Menschen, erschaffen für

diese Großtaten und für sie berufen! Was macht ihr? Womit haltet ihr euch auf?" (CA 38,5) Wir sind also zur Größe *geschaffen*. Jeder von uns ist zu Größe geboren, für nichts weniger ins Leben gerufen als zur intimen Teilhabe am Leben und der Liebe Gottes. Es ist eine falsche Vorstellung von spiritueller Bescheidenheit, wenn sie uns suggeriert, dass wir etwas so Hohes nicht anstreben dürfen. Und wir betrügen uns ernsthaft, wenn wir uns stattdessen mit den kleinen, greifbaren Belohnungen zufriedengeben, die einen unmittelbareren Reiz beinhalten können.

Diese eindringlichen Worte von Johannes sind es, die im reichen Schatz der Karmelspiritualität für mich einen Weckruf, einen dauernden Anstoß zur Bekehrung darstellen. Am Beginn dieser Einführung in das Gebet nach der Tradition des Karmel möchte ich gerade auf sie die Aufmerksamkeit lenken – in der Hoffnung, dass sie in den Lesern einen freudigen Glauben an die Würde unseres Geschöpf-Seins und an die gütige Einladung unseres Gottes nähren.

1. Kapitel

Der Anfang des Betens

Auf diesem Berg wohnt nur Gottes Ehre und Ruhm

Vor albernen Andachten
behüte uns Gott.

Teresa von Avila

Auf seiner Zeichnung des Berges Karmel, welche den Weg der Seele zu Gott darstellt, platziert Johannes vom Kreuz diesen Text an der Spitze des Berges[1]. Letzten Endes ist alles zusammengefasst in dieser tiefen Schlichtheit. Wenn man mit der verwirrenden Wahl zwischen mehreren ausgezeichneten Gebetsmethoden konfrontiert ist, lohnt sich die Erinnerung daran, dass alle in dieselbe Richtung weisen und schließlich zum selben Ziel führen werden.

Methoden?

Für zahlreiche Menschen ist der Rosenkranz die allererste Übung eines regelmäßigen Gebetes. Die Wiederholung der vertrauten Worte bildet den Hintergrund des mündlichen Gebetes, während der Geist und das Herz bei den aufeinanderfolgenden Geheimnissen verweilen. Manche bevorzugen andere Gebete, die sie langsam sprechen, und machen sich dabei die darin ausgedrückten Gefühle zu eigen. Auf der Heiligen Schrift basierendes Beten – sei es als systematische Meditation eines Textes oder in Form der derzeit populär gewordenen mönchischen Übung der *lectio divina (geistliche Lesung)* – verhilft dazu, sich auf das Wort Gottes einzulassen und so allmählich in „den Geist Christi" einzudringen. Eine andere alte Gebetspraxis, die in letzter Zeit wiederentdeckt wurde, ist das *Jesus-Gebet* oder der Gebrauch eines Wortes aus einem

1 Vgl. Johannes vom Kreuz, Berg der Vollkommenheit.

Gebet, das entweder ununterbrochen im Rhythmus des Atmens wiederholt oder einfach dazu verwendet wird, die Aufmerksamkeit zurückzurufen, wenn sie abschweift. Jede dieser Gebetsübungen wird, wenn man treu dabei bleibt, sich allmählich vereinfachen und uns langsam zu tiefer innerer Ruhe führen.

Diejenigen, die sich den Heiligen des Karmel zuwenden, um Anleitung im Gebet zu erhalten, sind oft durch die Vielzahl der Bücher und Methoden in Verwirrung gestürzt worden und fragen sich nun, ob es eine karmelitanische Methode gibt, die das Gebet einfacher und fruchtbringender machen könnte. Oder sie sind vielleicht beunruhigt, weil ihr Beten, das früher eine Quelle des Friedens und Trostes war, nun schwierig und mühsam geworden ist; sie haben Angst, vom Weg abgekommen zu sein. Es mag überraschend sein, dass keine der beiden anerkannten Autoritäten des Gebetes, Teresa von Avila und Johannes vom Kreuz, eine besondere Methode empfiehlt. In allen ihren Schriften sagt Teresa sehr wenig – und Johannes sogar noch weniger – darüber, wie man die Zeit des Gebetes verbringen soll. Sie kommen vielmehr direkt zum Kern dessen, was das Gebet ausmacht: sich der Wirklichkeit eines Gottes auszusetzen, der sich selbst hingibt. Sie zeigen einige grundsätzliche Erfordernisse unserer Lebensweise, wenn die Begegnung authentisch sein soll, und beschreiben genau den Weg zu einer wachsenden Intimität, der zu vollständigem Einssein mit Gott führt.

Was die Methode betrifft, gewährt die karmelitanische Tradition große Freiheit und das Erste, das wir von Teresa lernen sollten, ist, vertrauensvoll der Gebetsmethode zu folgen, die uns zusagt. In ihrem *Buch meines Lebens* erzählt sie uns, wie qualvoll ihr Kampf mit der strukturierten Form der Meditation war, die zu ihrer Zeit gewöhnlich praktiziert wurde. Genau beschrieben wurde sie in einem Werk, das ihr bekannt war, einer *Abhandlung über Gebet und Meditation:* „Die Aufgabe der Meditation ist es, göttliche Dinge sorgfältig und aufmerksam zu betrachten und dabei von einem zum anderen überzugehen, damit das Herz von Gefühlen für sie ergriffen wird. Es ist, als würde man einen Feuerstein schlagen, um ihm einen Funken zu entlocken“[2].

Teresa bemerkt dazu recht wehmütig: „Alle, die auf diesem Weg gehen können, werden Ruhe und Sicherheit finden“ (C 30,1). Sie gehörte nicht zu ihnen. Wiederholt beklagt sie die Tatsache, dass sie weder ihre Fantasie dazu benutzen konnte, sich eine Szene aus dem Evangelium vorzustellen, noch ihren Verstand, eine innere Betrachtung darüber zu halten, wohingegen das Wandern ihrer Gedanken sie so sehr „quälte“, dass es ihren ganzen beträchtlichen Mut brauchte, um im Gebet zu bleiben.

Teresas Gebet

Langsam lernte Teresa es, sich eine Gebetsweise zu erlauben, die ihrem angeborenen Talent für Beziehungen, für das Zusammensein mit anderen entsprach. Die Gegenwart eines anderen sollte ihre Aufmerksamkeit in Anspruch nehmen, wo Verstand und Fantasie es nicht taten. In ihrem *Buch meines Lebens* beschreibt sie uns, wie sie betete: „Da ich mit dem Verstand nicht diskursiv nachdenken konnte, versuchte ich, mir Christus in meinem Innern vorzustellen …

---

[2] Dieses Werk von Luis de Granada wurde zu der Zeit, als Teresa es las, ihrem Freund, dem hl. Petrus von Alcantara zugeschrieben; siehe „The Collected Works of St. Teresa of Avila“, Bd. 2, Washington DC: ICS Publications, 1980, p. 489, n. 7.

Besonders gut ging es mir mit dem Gebet Jesu im Ölgarten. Dort war es, wo ich ihn begleitete … Ich verweilte bei ihm, so gut es meine Gedanken zuließen" (V 9,4). Sie bringt klar zum Ausdruck, dass es nicht darum ging, sich von Christus ein Bild zu machen, sondern darum, seiner Gegenwart – im Glauben – Aufmerksamkeit zu schenken. Das erklärt sie mit dem Wissen um seine Anwesenheit bei ihr, so wie ein Blinder die Gegenwart eines anderen im Raum erkenne. Teresa gibt zu, dass Ablenkungen ein größeres Problem sein können, wenn der Verstand nicht mit bewusster Betrachtung beschäftigt ist, sie behauptet aber, man könne von dieser formlosen Art zu beten aus leichter zur Kontemplation gelangen. Um ihre Gedanken zur Ruhe zu bringen, fand sie es hilfreich, ein wenig zu lesen, ein Bild Christi vor sich zu haben oder die Schönheiten der Natur zu betrachten.

Zu der Zeit, als Teresa den *Weg der Vollkommenheit* schrieb (1562 – 1565), war sie vom Wert dieser Gebetsweise überzeugt und sich der Vorteile, die sie ihr gebracht hatte, genügend bewusst, um sie ihren Schwestern im Karmel zu empfehlen. Für all jene, die noch keine für sie passende Methode gefunden haben, bleibt es die einfachste und natürlichste Art und Weise, mit dem Beten zu beginnen. Hier ist nun der Kern ihrer Lehre, wie sie im Kapitel 26 des *Weges der Vollkommenheit* dargelegt ist.

Gemeinsam da sein und einander anschauen

Teresa schreibt: „Bemüht euch sogleich, Töchter, da ihr ja allein seid, in Gesellschaft zu sein. Was ist da besser als der Meister selbst … Stellt euch den Herrn bei euch vor … Glaubt mir, so gut ihr könnt, sollt ihr euch ohne einen so

guten Freund nicht auf den Weg machen. Wenn ihr euch angewöhnt, ihn in eure Nähe zu holen … dann werdet ihr ihn – wie man sagt – von euch nicht mehr wegtreiben können … ihr werdet ihn überall bei euch haben" (C 42,1). Wir müssen einzig und allein bei Gott sein, für ihn gegenwärtig, denn das ermöglicht es ihm am besten, für uns so umfassend gegenwärtig zu sein, wie er es möchte. Teresa war davon überzeugt, dass alle Gnadengeschenke ihr zuteilwurden, „nur weil ich mich nach ein wenig Zeit und Gelegenheit sehnte und umtat, dass er bei mir sei" (V 8,8).

„Ich bitte euch ja gar nicht", sagt sie, „dass ihr an ihn denkt oder euch viele Gedanken macht oder in eurem Verstand lange und subtile Betrachtungen anstellt; ich will nicht mehr, als dass ihr ihn anschaut" (C 42,3). Ihn anzuschauen bedeutet nicht, sich im Geist ein Bild von ihm zu machen, sondern unsere Aufmerksamkeit in Glaube und Liebe dem zuzuwenden, dessen Aufmerksamkeit uns keinen Moment lang verlässt. Es geht darum, unsere Gedanken und Wünsche von anderen Angelegenheiten, die sie in Beschlag nehmen, abzuwenden und so unter dem Blick Gottes zu bleiben.

Verweilen bei einem Freund

„Wenn ihr froh seid … Wenn ihr in Nöten oder traurig seid …" (C 42,4-5). Teresa möchte, dass wir genau so zu Gott kommen, wie wir sind. Um sich in der Gegenwart Gottes aufzuhalten, braucht es keine „korrekte" Pose, keine besondere Haltung. Was immer wir auf dem Herzen haben, wenn wir zum Gebet kommen, darf dort sein, denn es ist ja schon im großen Herzen Gottes und er lebt diese Wirklichkeit mit uns.

Als Nächstes ermutigt Teresa uns: „Redet oftmals mit ihm" (C 43,2) und „achtet auf die Worte, die dieser göttliche Mund zu euch spricht" (C 43,4). Wir sollen mit Gott ganz frei mit unseren eigenen Worten sprechen und spontan die Gefühle mitteilen, die in uns auftauchen. Doch das Reden muss manchmal dem Hören Platz machen, und wenn wir still genug geworden sind, werden wir – so versichert uns Teresa – als Allererstes hören, dass wir geliebt sind.

Verweilen bei, anschauen, teilen, lieben und geliebt werden; dies sind die Elemente von Teresas Art zu beten. Sie beschreibt sie auf eine für sie typische zusammenhanglose Weise, fasst sie aber geschickt in ihrer berühmten Definition zusammen: „Denn meiner Meinung nach ist inneres Beten nichts anderes als Verweilen bei einem Freund, mit dem wir oft allein zusammenkommen, einfach um bei ihm zu sein, weil wir sicher wissen, dass er uns liebt" (V 8,5). Der Theologe Hans Urs von Balthasar macht diese atemberaubende Bemerkung: „Das Wunderbare an dieser Form des Gebetes ist, dass es denselben persönlichen Kontakt mit dem Herrn bieten kann und sollte, den die Menschen während seines Lebens auf Erden hatten"[3].

Beten mit der Heiligen Schrift

Das betende Lesen der Heiligen Schrift wird in jedem ernsthaften geistlichen Leben stets einen festen Platz haben und ist die bestmögliche Vorbereitung für die Zeit des inneren Gebetes. Teresa nährte ihren Glauben durch Lesen, und hätte sie freien Zugang zur Bibel gehabt, so

---

[3] Hans Urs von Balthasar, *Prayer*, London, Geoffrey Chapman, 1961, S. 68.

wäre sie sicher ihr bevorzugtes Buch gewesen. Ein Wort aus der Heiligen Schrift kann uns den ganzen Tag hindurch begleiten und es wird viele Gelegenheiten geben, es – nach dem Beispiel von Maria von Nazaret – im Herzen zu erwägen. Das Beten der Liturgie im Zyklus des Kirchenjahres wird auch sicherstellen, dass das Wort Gottes für unser persönliches Gebet die Basis bildet und es begleitet.

Für die Zeit des stillen Gebetes empfiehlt uns Teresa, uns Christus in uns wie in einer Szene des Evangeliums vorzustellen, wobei ihre bevorzugte Szene die Einsamkeit seiner Todesangst in Getsemani war. Damit meint sie nicht, dass wir uns die Episode vorstellen, sie Schritt für Schritt durchgehen und dabei über ihre Bedeutung nachdenken und Lektionen fürs Leben daraus ziehen sollen. Sie selbst war völlig unfähig dazu, obwohl sie es für eine ausgezeichnete Gebetsmethode für diejenigen hielt, welche sich davon angezogen fühlten. Was sie befürwortet, ist die einfache Aufmerksamkeit für die unmittelbare Gegenwart unseres Herrn, der in uns wohnt, hier und jetzt.

Zerstreuungen und Trockenheit

Im einfachen, ungezwungenen Gebet der Aufmerksamkeit des Herzens „kommt es nicht darauf an, viel zu denken, sondern viel zu lieben" (M 4,1,7). Eine solche Einfachheit birgt jedoch ihre eigene Herausforderung in sich. Am Ende unserer Gebetszeit können wir uns nur schlecht Rechenschaft ablegen und fragen uns vielleicht, ob wir eigentlich irgendetwas gemacht haben, was der Mühe wert ist. Es stimmt, dass die Zeit, die wir mit einem Freund verbringen,

nicht notwendigerweise eine unmittelbare, offensichtliche Wirkung hat, aber nach und nach baut sie eine Freundschaft auf und vertieft sie.

Teresa, die selbst einen jahrelangen spirituellen Kampf durchgemacht hat, drängt uns, den Weg des Gebetes mit großer Entschlossenheit zu verfolgen, ohne auf Zerstreuungen und Trockenheit zu achten. Sonst weiß sie nämlich nicht, wie Gott uns zu den Gnadengeschenken führen kann, die er für uns bereithält. Trockenheit ist dieser Zustand, in dem unsere *Gefühle* im Gebet wörtlich wie „ausgetrocknet“ scheinen. Wir sind gleichgültig, gelangweilt, unruhig und würden viel lieber etwas anderes machen. Unsere Bemühungen, eine gewisse Andacht zu erwecken, sind nutzlos und können sogar Widerwillen gegenüber der ganzen Gebetsübung hervorrufen. Wichtig ist, den Wert unseres Gebetes nicht an der spürbaren Freude und Zufriedenheit zu messen, die es uns bringt. Tatsächlich können wir seinen Wert überhaupt nicht bemessen, weil er uns nicht bekannt ist, aber mit der Zeit wird es unser Leben verwandeln, wenn wir daran festhalten.

Phasen der Trockenheit kommen und gehen. Zerstreuungen begleiten uns – leider – immer. Teresa klagt häufig über ihre Unfähigkeit, ihre abschweifenden Gedanken im Zaum zu halten. Es ist – so vergleicht sie –, als hätte sie einen Verrückten im Haus, den sie nicht kontrollieren könne, nicht einmal für die kurze Dauer eines Credo. Sie erkennt, dass wir den herumschweifenden Gedanken ganz besonders dann auf Gedeih und Verderben ausgeliefert sind, wenn unsere Art des Betens den Verstand nicht mit irgendeiner disziplinierten Beschäftigung in Anspruch nimmt. Was können wir also tun?

Eine Hilfe ist es, gut anzufangen. Eine gute Haltung einzunehmen unterstützt dabei, die Aufmerksamkeit aufrechtzuerhalten, auf den Rhythmus des eigenen Atems zu achten hat beruhigende Wirkung. Manche finden es hilfreich, etwas zu haben, auf das sie ihren Blick richten – z.B. eine offene Bibel, eine Ikone, eine Kerze oder eine Blume –, zu dem sie zurückkehren, wenn ihre Aufmerksamkeit sich zerstreut hat. Andere verwenden ein kurzes Formelgebet oder Schriftwort, um sich zu sammeln. Wichtig ist, nicht zu versuchen, die Zerstreuungen direkt zu bekämpfen, sondern – wenn uns bewusst geworden ist, dass der Geist abgeschweift ist – unsere Aufmerksamkeit wieder der Gegenwart Gottes zuzuwenden. Wir müssen dies immer wieder tun – „nur für einen Moment, wenn ihr nicht zu mehr imstande seid", ermutigt uns Teresa –, bis die Übung sich in unser Bewusstsein eingeprägt hat und schließlich allein das Bewusstwerden eines abschweifenden Gedankens uns veranlasst, uns sanft in die Gegenwart unseres göttlichen Freundes zurückzurufen. Ziel ist nicht eine starre Konzentration des Geistes auf Gott, sondern ein ständiges Zurückkehren des Herzens.

Was ist nun mit jenen Zerstreuungen, die nicht eine Art oberflächlicher Unterhaltung sind, sondern einen starken emotionellen Inhalt haben? Manchmal kommen wir traurig oder verärgert, frustriert oder besorgt zum Gebet. Vielleicht ist es ein aktuelles Ereignis, das uns belastet, vielleicht kommt in der Stille des Betens auch ein nicht verarbeiteter Schmerz der Vergangenheit in uns hoch. Unser geistiger Zustand darf dann beileibe nicht als Zerstreuung angesehen werden, sondern vielmehr als eben die Form unseres Gebetes in diesem Augenblick. Wir wenden einfach unsere Augen Gott zu und erlauben ihm, die ganze Wahrheit in ihnen zu lesen, und nach und nach werden wir zu einer Tiefe in uns selbst geführt werden, die unabhängig ist von den Turbulenzen an der Oberfläche.

Gebet der Sammlung und der Ruhe

Sowohl Teresa als auch Johannes betonen sehr klar, dass unsere Sehnsucht nach Gott zuallererst durch Gottes Sehnsucht nach uns erweckt wird. Wenn Teresa uns dazu ermuntert, unsere Augen im Glauben auf Gott zu richten, dann deshalb, weil Gott bereits uns anschaut und nur auf unsere Antwort wartet, um mit uns in Kontakt zu treten. Johannes erklärt: „Wenn die Menschenseele Gott sucht, so sucht ihr Geliebter sie noch viel dringlicher" (L 3,28).

Gewiss kann es am Anfang so aussehen, als bedürfe es allein einer großen Anstrengung unsererseits, um eine Beziehung zu Gott herzustellen. Wir müssen die Zeit dafür einplanen, zu unserem Gebetsplatz gehen, uns von all unseren üblichen Angelegenheiten zurückziehen und unsere Aufmerksamkeit auf Gott richten. Teresa versichert uns, dass es mit Übung leichter wird, weil der geschwätzige Verstand und die umherstreifende Fantasie sich an die Rufe zur Sammlung gewöhnen und bereitwilliger gehorchen und uns so manchmal erlauben, ruhig in der Gegenwart Gottes zu bleiben. Wenn wir durchhalten, bis sich die Gewohnheit gebildet hat, machen wir uns verfügbar für Gottes eigenes Handeln, das uns hineinzieht in die ewige Ruhe, in der er sich uns zu geben wünscht.

Während des Betens oder auch während unserer alltäglichen Tätigkeiten kann es vorkommen, dass uns eine plötzliche Stille überkommt, ein unwillkürliches Verstummen der Gedanken, während die Vermögen des Geistes gefangen und in einem unerklärlichen Gefühl von Gegenwart gehalten sind. Wir haben keine Lust, irgendetwas anderes zu tun, als diesem – wie Teresa es beschreibt – „sanften Gezogenwerden nach innen" (M 4,3,3)

zu antworten. Es dauert nicht lang und man kann es mit dem Willen nicht wieder aufleben lassen, doch es ist gewöhnlich der Auftakt zu einer Vereinfachung unseres Gebetes. Teresa würde sagen: Es ist der Anfang der Kontemplation.

Die Fähigkeit, friedvoll in einem liebenden Empfinden von Gottes Gegenwart zu verweilen, ohne irgendetwas anderes zu ersehnen, wird langsam zum charakteristischen Zug unseres Gebetes. Worte und Ideen machen Platz für schweigende Gemeinschaft. Die Flamme der Liebe brennt stetig und alles, was wir zu tun haben, wenn sie auszugehen scheint, ist sanft zu blasen. Eine Regung des Lobpreises oder der Dankbarkeit im Herzen von Zeit zu Zeit genügt. Diese neue, frei geschenkte Kenntnis von Gott wird nicht einmal durch das ruhelose Umherstreifen unserer Gedanken gestört und es ist am besten, sie einfach abschweifen zu lassen. Der Versuch, sie im Zaum zu halten, wird nur zum Verlust des namenlosen Friedens führen, in dem man immer noch verweilen kann, auf einer Ebene, die tiefer liegt als das Denken.

Jesus Christus bleibt auf ewig unser Zugang zum Vater und Teresa beharrt darauf, dass der Ausgangspunkt für alles Beten die Menschheit Christi ist. Freilich kann es sein, dass es bei einem solchen speziellen Schwerpunkt zu einer Vereinfachung kommt, und zwar auf „einen einfachen Blick, wer er ist" (vgl. M 6,7,11) oder – wie Johannes vom Kreuz betont – „ein liebevolles Aufmerken auf Gott, ohne danach zu streben, etwas Bestimmtes von ihm fühlen oder verstehen zu wollen" (D 87). Dieses Gebet kontemplativer Gegenwart kann für lange Zeit zur Norm für einen Menschen werden und scheinbar gibt es nicht mehr, was man sich wünschen könnte.

Nacht

Gott aber ersehnt mehr, und was er uns weiter von sich selbst mitteilt, kann eine schmerzhaft verwirrende Erfahrung sein. Alles, was wir von Gott zu wissen meinten, scheint uns verloren, entweder zeitweise oder in einem lang anhaltenden Zustand der Dunkelheit und Ungewissheit. Wir können nicht wie früher beten und neigen dazu, uns deshalb schuldig zu fühlen und nach Gründen zu suchen, warum Gott uns so verlassen hat. Johannes vom Kreuz ist ein sicherer Führer in dieser „Nacht", sein fundamentales Prinzip ist Folgendes: Da nichts, was wir je von Gott wissen, fühlen oder erfahren können, tatsächlich Gott selbst ist, sind wir dem Geheimnis Gottes näher, wenn wir nichts fühlen und verstehen können. Es ist, als hätte Gott uns die Sonnenbrillen abgenommen, die sein Leuchten auf ein Maß reduziert hatten, bei dem unsere Augen sich wohlfühlen konnten. Wir sind in Dunkelheit getaucht – nicht weil das Licht nicht mehr scheint, sondern weil sein Strahlen uns blendet.

Da wir einem Weg des Gebetes gefolgt sind, der mehr im Lieben als im Denken besteht, können wir es als sehr schmerzlich empfinden, wenn die Liebe selbst nachzulassen und zu sterben scheint. Doch es gilt dasselbe Prinzip – wunderbar ausgedrückt im alternativen Tagesgebet zum dritten Sonntag des Jahreskreises[4], das beinahe von Johannes selbst geschrieben worden sein könnte: „Allmächtiger Vater, die Liebe, die du uns erweist, übertrifft alles, was

---

[4] Die Übersetzung des derzeit gültigen römischen Messbuches für die englischsprachigen Länder erlaubt dem Zelebranten die Wahl zwischen zwei verschiedenen Tagesgebeten. (Hier eine eigene deutschsprachige Übersetzung, Anm. d. Übers.)

wir Menschen uns ersehnen, denn du bist größer als das menschliche Herz. Lenke jeden Gedanken, jedes Bemühen unseres Lebens, damit die Begrenzungen unserer Fehler und Schwächen uns nicht die Sicht deiner Herrlichkeit verdunkeln oder uns den Frieden verwehren, den du uns versprochen hast." Gotteserkenntnis, Gottesliebe – das ist mehr, als unser Verstand und unsere Gefühle umfassen können; in der direkten Begegnung mit Gott haben uns also Denken und Fühlen nichts zu sagen. Allein der Glaube kann ein solches Mysterium erfassen.

Johannes vom Kreuz vergleicht diese kritische Phase mit der Weise, wie eine Mutter ihr Kind entwöhnt, damit es sich an feste Nahrung gewöhnt, die es in seinem Aufwachsen bis zum Erwachsensein nähren wird. Beharrlichkeit während früherer Perioden von Trockenheit werden uns darauf vorbereitet haben, in Glauben und Geduld zu warten, während wir uns langsam an die weniger süße, aber gehaltvollere Nahrung gewöhnen, die wir nun erhalten. Wenn wir aufhören lernen, uns abzumühen, um wiederzugewinnen, was wir als verloren empfinden, werden wir beginnen, uns der überraschenden Einfachheit und Unmittelbarkeit von Gottes Einssein mit uns bewusst zu werden.

Kapitel 2

Gebet als Beziehung

Die Liebe macht die Freunde gleichförmig.

Teresa von Avila

Der attraktivste Aspekt der karmelitanischen Spiritualität für Menschen von heute ist wahrscheinlich die besondere Betonung des Gebetes als Erfahrung inniger Beziehung zu Gott. Teresas Definition des Gebetes als „Verweilen bei einem Freund" (V 8,5) ist sehr bekannt, aber andere aus der Familie des Karmel drücken dasselbe auf ihre eigene Art aus. Für Johannes vom Kreuz ist die gesamte spirituelle Reise eine immer tiefer werdende Beziehung zwischen dem Liebenden und dem Geliebten. Die Beziehung von Thérèse von Lisieux zu Gott ist die eines vertrauensvollen Kindes zu einem milden Vater. Elisabeth von der Dreifaltigkeit's charakteristische Askese erwuchs aus ihrem Sinn für Intimität mit den „Dreien", die in ihr wohnten. Edith Stein ist in Bezug auf ihr inneres Leben zurückhaltender, aber es ist klar, dass der Mut und die Überzeugung, mit der sie in den Tod ging, ihre Wurzeln in ihrer persönlichen Beziehung zum gekreuzigten Christus hatten.

Beziehung zu Gott und zu Menschen

Beziehungen sind das bedeutendste Element im Leben jedes Menschen; sie sind entscheidend für unsere früheste Entwicklung und unsere Fähigkeit, zum Erwachsenen heranzureifen. Unsere tiefsten Erfahrungen von Freude und Traurigkeit rühren von unserem Umgang mit Menschen her und im Allgemeinen können wir jegliches Ausmaß von Entbehrungen ertragen, wenn wir sichere, zufriedenstellende Beziehungen haben. In unserer Zeit, in der es auf dem Gebiet menschlicher Beziehungen so viele Fragen und Krisen gibt, hat die karmelitanische Spiritualität mit ihrer sicheren Führung auf dem Weg zu inniger Freundschaft mit Gott etwas zu bieten. Wir sind es gewöhnt, den Vergleich mit der menschlichen Freundschaft zu verwenden, um zu erklären, was im Gebetsleben passiert. Vielleicht sollten wir aber stattdessen vom Muster der wachsenden Intimität mit Gott lernen, wie die Dynamik in menschlichen Beziehungen ist – und wie man hier überleben kann. Wir haben einen großen Schatz karmelitanischer Lehren, die den Weg dieser göttlich-menschlichen Beziehung genau erfassen, von der ersten bewussten Antwort eines Menschen auf Gottes Initiative bis zu einer so tiefen Vereinigung in Liebe, dass der Mensch in Gott verwandelt wird. Das ganze spirituelle Abenteuer ist nichts anderes als die Entwicklung dieser Beziehung.

Person oder Maske?

Gott hat uns erschaffen, um mit uns in Gemeinschaft zu sein, und diese gegenseitige Beziehung bahnt er in der Taufe an. Wenn Gott mich in eine innige Freundschaft mit ihm hineinzieht, dann ersehnt er die tiefste Begegnung zwischen dem *wahren* Menschen, der ich bin, und dem *wahren* Gott, der er ist. All die Unbeständigkeiten in unserem Gebetsleben drehen sich darum, eine der beiden Wirklichkeiten zum Vorschein zu bringen. Für Gott ist es nicht genug, mit uns auf der Ebene unserer unbewussten Masken und Rollen in Beziehung zu treten; genauso wenig wird er uns erlauben, dass wir uns damit zufriedengeben, ihn über Bilder und Konzepte zu erkennen, wie erhaben und ausgeklügelt sie auch sein mögen. Er wird uns weiter und tiefer führen, bis wir – demütig in Berührung mit uns selbst in der Wahrheit unseres eigenen Seins – schließlich fähig sind, die Begegnung mit ihm in der tiefsten Wahrheit seines Seins zu ertragen.

In den ersten Phasen eines spirituellen Lebens nehmen wir unvermeidlich eine gewisse Pose vor Gott ein. Ganz unbewusst stellen wir dar, was unserer Meinung nach erwartet wird oder akzeptabel ist, so wie wir es auch vor anderen Menschen tun. Wir richten unser Gebet auch an eine Idee von Gott, die sich aus unserer Lebenserfahrung heraus gebildet hat und vielleicht einem Elternteil oder einer anderen Autoritätsperson nachgebildet oder durch die Schule oder die Lehre der Kirche beeinflusst ist. Wachsende Vertrautheit mit dem Christus der Heiligen Schrift wird gemeinsam mit Gottes Selbstmitteilung im Gebet auf der Ebene, die wir zu empfangen fähig sind, allmählich unsere Vorstellung von Gott prägen und vertiefen; doch es bleibt immer noch eine Vorstellung, die durch unbewusste Projektionen und Erwartungen beeinflusst ist.

Dann geschieht etwas sehr Beunruhigendes. Gott beginnt uns zu zeigen, dass er nicht daran interessiert ist, sich mit einem Menschen anzufreunden, der eine Rolle spielt, wie fromm oder reizend sie auch sein mag! Er möchte sich mit dem Menschen einlassen, der wir wirklich sind. In dem Maß, in dem er unser Wesen tiefer in Besitz nimmt, erreicht er in uns verborgene Plätze und bringt uns die Dunkelheit, den Schmerz und die Unsicherheit ins Bewusstsein, die wir lieber im Verborgenen lassen möchten. Wir brauchen vom Leben gar nicht tief verletzt sein, um in uns eine ziemliche Menge an Ablehnung uns selbst gegenüber herumzuschleppen oder von einem Punkt hinter Barrieren aus zu agieren – und diese Barrieren, die wir errichten, um andere in sicherer Distanz zu halten, trennen uns genauso von Gott.

Das „anständige“ Holzscheit

Wir alle haben eine tiefe Sehnsucht, erkannt und geliebt zu werden, wie wir wirklich sind, doch wir tragen in uns auch die Überzeugung, dass *keiner* lieben kann, was wir in Wahrheit sind. So sind wir zerrissen zwischen dem Verbergen und dem Enthüllen von uns selbst. In der Stille des Gebetes allerdings wird es schwieriger sich zu verstecken. Alle Arten von begrabenen und vergessenen Dingen werden hochkommen und wir finden uns in emotionellen Stürmen gefangen, die uns mit ihrer Heftigkeit überwältigen und andere wegen ihrer scheinbaren Unreife erstaunen. Johannes vom Kreuz verwendet dafür das perfekte Bild: das Holzscheit im Feuer. Solange es beim Kamin lag, schien es ein ganz anständiges Stück Holz, gerade recht, um ein ordentliches Feuer zu entfachen! Sobald es auf die Flammen gelegt wird, beginnt es weniger

vielversprechend auszusehen: Es wird dunkel, fängt an zu rauchen, stinkt ein wenig, sprüht Funken und zischt!

Dies ist die verwirrende Erfahrung, die die meisten Menschen ziemlich am Anfang ihres spirituellen Weges machen: Sie kommen sich schlechter vor als zuvor, schlechter als sie ihrer Selbsterkenntnis nach je waren. Wie Johannes erklärt, ist das Feuer gerade dabei, alles auszutreiben, was es daran hindert, vom Holzscheit Besitz zu ergreifen und es in Feuer zu verwandeln. Es ist wichtig zu erkennen, dass da am Anfang nicht die Schwäche oder Unvollkommenheit selbst ausgemerzt wird, sondern die Falschheit, die deren Vorhandensein nicht zugibt. Menschliche Schwachheit an sich stellt kein Hindernis für eine besondere Freundschaft mit Christus dar – eine Wahrheit, gegen die wir uns seltsamerweise nach wie vor wehren, trotz der Autorität aller Evangelisten Matthäus, Markus, Lukas und Johannes zusammen.

Nach innen, tiefer, dunkler

Parallel zu dem beunruhigenden Zuwachs an Selbsterkenntnis empfinden wir vielleicht, dass wir unfähig sind, mit Gott in derselben Weise wie früher in Verbindung zu treten. Er ist nicht länger eine tröstende Gegenwart, sondern fern und reagiert nicht. Tatsächlich ist er im Begriff, die Beziehung auf ein anderes Niveau zu heben. Als Antwort auf unsere verzweifelte Frage, wo Gott denn hingegangen ist, sagt Johannes uns im ersten Kapitel des *Geistlichen Gesanges*, er sei verborgen in der eigenen Tiefe des Menschen. Wenn wir fragen, warum wir Gott dann scheinbar nicht in uns antreffen, antwortet Johannes, dass Gott *ganz tief* in uns verborgen ist; der Grund, warum wir ihm nicht begegnen, ist, weil *wir* nicht dort sind. Wir neigen dazu, auf einem viel oberflächlicheren Niveau zu leben und zu beten, denn die Reise nach innen setzt uns einem größeren Maß an dort lauernden Schatten von Furcht und Sorge aus. Aber dort wartet Gott auf uns, dort liebt er uns: gerade dort, wo – wie wir dachten – niemand es je könnte.

Dieses Muster von Veränderung – unserer eigenen Wahrheit und unserer Vorstellung, wer und wo Gott für uns ist – neigt dazu, sich auf tieferen und noch tieferen Ebenen zu wiederholen, in dem Maß, wie unsere Beziehung echter wird. Oft wird es durch Umstände ausgelöst werden, die unser Gefühl für unsere Identität oder die Identität von Gott verwirren und in Frage stellen: die Erfahrung von Versagen oder Verlust zum Beispiel oder von Krankheit oder einem Todesfall. Die „dunklen Nächte" sind niemals eine rein spirituelle Angelegenheit. Größere Veränderungen im Leben – wie zum Beispiel ins Ordensleben einzutreten, zu heiraten, Eltern zu werden – bringen Verluste auf vielen Ebenen mit sich, in diesen Tagen des wachsenden Individualismus wahrscheinlich mehr als je zuvor. Solche Momente werden daher oft eine neue Krise unseres Selbstverständnisses auslösen. Ich glaube, ein Beispiel dafür haben wir in Elisabeth von der Dreifaltigkeit in der Zeit ihres Noviziats. In der verwirrten Novizin, die mit den Nerven am Ende war, konnte ihr früherer geistlicher Begleiter, P. Vallée, kaum mehr die fromme junge Frau erkennen, die sie gewesen war. Am Ende dieser Phase aber beginnt eine gewisse Künstlichkeit aus ihren Briefen zu schwinden; so macht sie schließlich den Eindruck einer stabileren Person, die sich ihres Weges sicherer ist.

Begegnung mit dem verborgenen Ich

Ganz am Ende seiner Abhandlung über die Nacht der Sinne erwähnt Johannes einige der „Geister", die die Menschen in diesem Stadium attackieren können: Unzucht, Gotteslästerung und der Geist der Verdrehung (vgl. 1 N 14). Mit unserem modernen Verständnis von Psychologie neigen wir weniger dazu, diese Versuchungen bösen Geistern zuzuschreiben. Es sind unsere eigenen Dämonen, die sich erheben, die inakzeptablen Teile von uns, die wir sorgfältig verborgen haben.

Unzucht: Sowohl die ermüdenden Auswirkungen von lang anhaltender Einsamkeit und emotionalem Hunger wie auch die aktuelle Erfahrung des Sich-Verliebens können ein heftiges sexuelles Bedürfnis auslösen, das das geistliche Leben auszutrocknen scheint. *Gotteslästerung:* Verdrängter Ärger kann als Zorn auf einen Gott in Erscheinung treten, der nicht länger in unser Bild passt, so wie bei Thérèse, die – als sie ihre Glaubensprüfung beschrieb – Angst hatte, sie „könnte Gott lästern“. Sie schrieb die Zweifel, die sie quälten, „der Finsternis, die Stimme der Sünder annehmend“[5] zu; wohingegen sie vielleicht nur die Stimme von Thérèse hörte. Gut möglich, dass die in ihr schlummernde Zweiflerin durch den Schock, mit 24 Jahren todkrank zu sein, geweckt wurde. Oder sie fühlte sich genötigt, die Sicherheiten ihres Glaubens, der ihr ganzes Leben bis zu diesem Zeitpunkt geprägt hatte, in Frage zu stellen. *Geist der Verdrehung:* Johannes spricht von einem Zustand der Angst, obwohl unsere Ängste heutzutage vielleicht andere Formen annehmen: Anstatt um Attacken von Skrupeln drehen sich die heutigen Ängste und ihre Krisenmomente um Fragen von Glauben, Berufung und dem Sinn des Lebens an sich. Die Ähnlichkeit mit der Version von Johannes besteht darin, dass die Fragen nicht beantwortet oder beruhigt werden können.

Diese inneren Angriffe überwinden wir nicht, ohne in Berührung mit einigen sehr grundlegenden Wahrheiten über uns selbst zu kommen (besonders über uns selbst als religiöse Menschen) und ohne eine Anzahl von Illusionen zu verlieren. Teresa spricht häufig von der Notwendigkeit der Selbsterkenntnis und verbindet sie immer mit Demut. Tatsächlich *ist* Demut Selbsterkenntnis. Das Wort ist abgeleitet vom lateinischen „humus“ – und das bedeutet „Boden“. Demütig sein bedeutet im Boden unseres Wesens verwurzelt sein, gegründet auf die Wirklichkeit dessen, wer wir sind. Wie Teresa es ausdrückt: „Demut ist in der Wahrheit leben“ (M 6,10,7). Sie betont, dass ein Moment demütiger Selbsterkenntnis so viel wert ist wie viele Stunden inneren Betens (vgl. F 5,16). Denn wenn und solange wir nicht wissen,

---

[5] Therese von Lisieux, Selbstbiographie, Johannes Verlag, Einsiedeln 1958, S. 221.

wer wir sind, werden wir nicht aus unserem Ich heraus – aus dem Menschen, der wir sind – mit Gott in Beziehung treten, egal wie viele Stunden wir im Gebet verbringen.

Das Licht der Selbsterkenntnis

Die Konfrontation mit unseren Fehlern und Schwächen ist schmerzhaft, solange wir uns der Kenntnis von uns selbst, die sie mit sich bringt, widersetzen. Sobald wir uns diese weniger attraktiven Aspekte unserer Wirklichkeit zu eigen machen und annehmen können, kommen wir zu der Einsicht, dass *sie uns in keiner Weise von Gott trennen.* Er kennt uns ja bereits so und nur unsere Weigerung, uns selbst im selben klaren Licht zu erkennen, behindert das Wachsen unserer Freundschaft mit ihm. Wenn wir unsere Armut und Schwäche von Gottes Liebe durchdrungen sehen und sie in unser Gebet integrieren können, dann sind wir schließlich mit uns selbst versöhnt und werden authentischere Menschen. Die Folge davon ist, dass unsere Beziehungen zu anderen Menschen transparenter und echter werden und wir besser in der Lage sind, sie auch die sein zu lassen, die sie wirklich sind. So verwirklicht sich langsam unsere persönliche Erlösung in Christus.

In diesem Prozess, bei dem wir von falschen Bildern von uns selbst und unseren begrenzten Vorstellungen von Gott befreit werden sollen, gibt es Perioden besonderer Intensität. Einer dieser kritischen Punkte neigt dazu, als eine Nacht des Geistes aufzutreten. Es ist eine Sache, sich mit unserer Fehlerhaftigkeit – unserem dunklen, unschönen Selbst – abzufinden und verwundete Stellen Gott zu öffnen, damit er sie heilt. Etwas anderes ist es, wenn wir dazu gebracht werden, die Hohlheit all dessen zu erkennen, was wir für gut hielten: das, wofür andere uns schätzen; diese Begabungen und Eigenschaften, die uns befähigt haben, einen Beitrag zu leisten; die Arbeit, für die wir uns angestrengt und Verzicht geleistet haben. Wenn Gottes Wirken – üblicherweise wieder im Rahmen der Lebensumstände – die dem Selbstschutz dienende, selbstsüchtige Motivation bloßlegt, die immer hinter dem Besten steckte, das wir getan haben, dann ist das wirklich entblößend. Es ist die größte Herausforderung für unser Identitätsgefühl und kann uns wie Vernichtung vorkommen. Das ist das „nada, nada, nada", auf uns selbst angewendet[6]. Mag sein, dass wir uns dagegen wehren oder etwas von den Trümmern zu retten versuchen; aber letztlich sind wir angesichts dieser Demontage unseres Egos hilflos. Wenn dieses schonungslose Licht in die abgeschiedensten Ecken in uns eingedrungen ist, kann es niemals mehr so sein, als hätten wir nichts gesehen. Wir können nur einwilligen, immer mehr in diesem Licht zu leben: zu wissen, dass wir nackt sind, und uns nicht zu verstecken.

Die zwei sind eins

Solange das Licht uns noch auf der dunkelsten Wegstrecke die Sicht raubt, kann es sein, dass Gott auf keinen der Namen, die wir ihm geben, mehr antwortet und auch nicht auf unsere vertraute Art, zu ihm zu sprechen: „… und sogar auf dem Berg nichts". Hier können wir ganz leicht die beiden Sätze „Wo hast du dich verborgen?" (CA, Str. 1)

6 In seiner berühmten Zeichnung des Berges Karmel (vgl. FN 1) beschreibt Johannes den Weg des Aufstiegs als „nichts, nichts, nichts", das heißt als Weg, auf dem wir all dessen beraubt werden, was nicht Gott ist.

und „Warum hast du mich verlassen?“ (Mt 27,46) austauschen. Es ist wirklich ein Eintreten in die äußerste *kenosis* (Entäußerung) Christi. Es ist eine Teilhabe an seinem Tod, eine Vorwegnahme unseres eigenen Todes und ein Bruch mit allem, was wir zuvor gekannt haben. In diesem Leersein von allem, woran man sich halten kann – in Bezug

auf Gott oder auf uns selbst – ist Gott, den wir mit unserer Vorstellung nicht fassen können, letztendlich frei, uns in sein Geheimnis zu erwecken, in dem wir unser eigenes Geheimnis entdecken – und die zwei Geheimnisse sind eins. Was Tod zu sein schien, ist tatsächlich der wahre Beginn des Lebens.

Wo es nicht länger eine Barriere zwischen meinem essenziellen Ich und dem Wesen Gottes gibt, da ist Vereinigung. Weil wir uns auf das Bild der menschlichen Liebe stützen, sprechen wir oft davon, die Vereinigung zu „erreichen" oder „in sie einzutreten". *Tatsächlich war die Vereinigung immer da.* Gott schuf uns als einen Ausdruck seiner selbst. Die Falschheit der Sünde verschleiert diese Wahrheit; der rationale Verstand verkompliziert sie; die tiefe Sehnsucht des Herzens selbst erzeugt den trügerischen Eindruck des Getrennt-Seins. Doch in der Ruhe vollkommener Bescheidenheit sind wir eins mit Gott, weil er sich bereits dafür entschieden hat, eins mit uns zu sein.

Kapitel 3

Hin zur Ruhe

Nichts soll dich verwirren,
nichts dich erschrecken.
Alles geht vorbei.
Gott allein bleibt derselbe.
Die Geduld erreicht alles.
Wer Gott hat, dem fehlt nichts.
Gott allein genügt.

Teresa von Avila

Ich wurde einmal gebeten, meine Gedanken darzulegen, wie ich heute bete. Meine kurze Antwort auf diese Frage war zwangsläufig: Das hängt davon ab, was heute passiert. Gebet und Leben sind untrennbar miteinander verbunden und werden es immer mehr in dem Maß, wie das Leben voranschreitet und das Gebet sich vertieft. Vielleicht ist das der Grund, warum die traditionellen „Gebetsmethoden" früherer Zeiten im Allgemeinen mit einer „Gewissenserforschung" begannen. Dieser Ausdruck weckt unglückselige Assoziationen mit Schuld und ängstlicher Selbstprüfung. Aber da die Autoren im Gebet erfahrene Menschen waren, können sie kaum vorgeschlagen haben, dass wir uns „bessern" müssen, bevor wir irgendwie an Gott herantreten. Freilich schrieben sie aus ihrer eigenen spirituellen Kultur heraus und verwendeten ihren Wortschatz; aus meiner Sicht steckt hinter diesem Ausdruck aber die Ansicht, dass wir unsere Grundlage in der Wahrheit dessen haben müssen, wer wir sind, um mit Gott authentisch in Beziehung zu treten.

Durch Bewusstheit zur Ruhe

Selbstverständlich soll meiner Meinung nach das Gebet mit einem kurzen Moment der Selbsterkenntnis beginnen: ein Eingeständnis, wie es mir gerade in diesem Augenblick geht – friedlich … beunruhigt … ruhelos … voll Freude … besorgt … verärgert … fragend … Welche Stimmung ich auch immer habe, ich bringe sie mit zum Gebet, und wenn ich sie mir nicht schon am Beginn vollkommen zu eigen mache und annehme, wird sie in der folgenden Stunde ganz subtil an meiner Aufmerksamkeit zerren. Diese schlichte Bewusstheit zu erlangen fällt mir am frühen Morgen leichter, wenn die Vergessenheit des Schlafes das Durcheinander in meinem Kopf reduziert hat und der neue Tag wie Schnee da liegt, in dem noch niemand seine Fußstapfen hinterlassen hat. Am Abend, wenn die Ereignisse des Tages alle möglichen Eindrücke und Reaktionen hervorgerufen haben, besteht die Gefahr, ein Dutzend Wege einzuschlagen: eine Situation zu analysieren, ein Problem zu lösen, einen intensiven inneren Dialog zu führen über was auch immer aufgetaucht ist. Doch das ist noch besser als die vage Ablenkung durch unbeachtete Probleme, die trotz gut gemeinter Bemühungen um Sammlung während der ganzen Gebetszeit anhalten kann. Die grundlegende Idee ist jedoch, wahrzunehmen, was da ist, und ihm einfach zu erlauben, da zu *sein* – und nicht zu wollen, dass die Dinge anders sein sollten. Dieses Zulassen ist der erste Schritt zur Ruhe.

Ein älteres Mitglied meiner Gemeinschaft sagte mir einmal, auf die Frage eines Exerzitienpredigers, wie sie bete, habe sie erklärt, „ich fange damit an, der Stille in der Kapelle zu lauschen". Das ist ein anderer Weg, sich in der Wirklichkeit des Hier und Jetzt zu verwurzeln. Für mich ist das der zweite Schritt zur Ruhe. Wenn ich mich auf meinem Gebetsschemel oder einem Baumstrunk niedergelassen und alles bedacht und aufgenommen habe, was auch immer ich in mir herumtrage, halte ich inne, um für einen Moment die Stille der Kapelle oder die vibrierende Ruhe des Gartens – im Gegensatz zum fernen Brummen des Verkehrs oder dem Donnern eines Flugzeugs in der Luft – aufzusaugen. Ganz gegenwärtig in Zeit und Raum wird mir

der Rhythmus meines eigenen Atems bewusst. Ich atme in der Stille – und atme in sie hinein –, ganz eins mit der Stille und der geschaffenen Welt rund um mich. Oft wiederhole ich langsam ein Wort der Heiligen Schrift, entweder aus der *lectio* des Tages oder einfach „Abba, Vater“, nicht als Mantra, sondern als eine letzte Sammlung meiner selbst zum Gebet.

Über Vorstellungen und Bilder hinaus

Johannes vom Kreuz ist schon lange mein Führer beim Beten. Sein „liebevolles Aufmerken auf Gott, ohne danach zu streben, etwas Bestimmtes von ihm fühlen oder verstehen zu wollen“ (D 87) ist meine übliche kontemplative Praxis. In langen Jahren von Kampf und Dunkelheit habe ich schließlich gelernt, alles andere loszulassen. In dieser Zeit beängstigender Verwirrung verflüchtigte sich jede Vorstellung von dem Gott, an den ich mich gern im

Gebet gewendet hätte, jedes innere Ausstrecken auf Gott hin in Hoffnung und Sehnsucht wurde abgewehrt. Ich wurde auf solche Unfähigkeit zurückgestutzt, dass ich in der Gebetszeit bloß *sein* konnte. Am Ende war da nicht einmal der leiseste Anschein von etwas, das Sie oder ich als Gebet identifizieren würden. Totale Dunkelheit und eine spirituelle Unbeweglichkeit, die wie ein innerer Tod erschien, erfüllten alles. Ich hörte sogar auf zu protestieren.

Ganz, ganz langsam (und mir fehlen hier die Worte dafür) wurde mir bewusst, dass nun absolut nichts mehr zwischen meiner Wirklichkeit im Rohzustand und der vollkommenen Wirklichkeit Gottes war. Ich verstand, dass jegliche Vorstellung von Gott ihn mehr verschleierte als ein deutlicheres Bild von ihm zu vermitteln und dass mein Bemühen, ihn zu erreichen, mich nur von der Unmittelbarkeit seiner Gegenwart ablenkte. Mich daran zu gewöhnen dauerte eine Zeit lang und meine anfängliche Erfahrung mit dieser neuen Kenntnis von Gott war von großer Einsamkeit geprägt. Es war schwer, zu einer Einschätzung eines so nahen Gottes zu gelangen. Ich wünschte mir, er wäre gleich ein kleines bisschen „dort drüben", damit ich die Hand ausstrecken und den Saum seines Gewandes berühren könnte. In meinem Herzen rief ich manchmal verwirrt aus: „Wie kann da eine Beziehung sein, wenn die Vereinigung so eng ist?"

„Erkennen, wie wir erkannt sind"

Angesichts des Unbestimmbaren und Nicht-Greifbaren im persönlichen Gebet wurde die Liturgie mit ihrer gerechtfertigten Verwendung von Bildern und Symbolen nun eine Notwendigkeit und eine Freude. Das Wort Gottes in der Heiligen Schrift wurde nach und nach lebendiger für mich, in dem Maß, wie ich mich dem Schweigen Gottes im Gebet unterwarf. Allmählich erkannte ich, dass Momente eines solch formlosen Gebetes einen Gehalt hatten, der mich zutiefst zufriedenstellte und mich stützte. Mir wurde auch bewusst, dass es eine Auswirkung auf meine Reaktion auf das Leben hatte. Die von Thomas Merton so bezeichnete „tiefe und geheime Selbstsucht, die uns zu nahe ist, um sie identifizieren zu können"[7], wurde in den Jahren hilfloser Dunkelheit schonungslos freigelegt; auf sanftere Weise blieb sie mir dann auch weiterhin erfahrbar und eine Herausforderung. Innere Regeln, die mich stets geleitet hatten, begannen etwas Freierem und Authentischerem Raum zu geben. Als ich lernte, das „Nicht-Wissen" im Gebet zu tolerieren, fühlte ich mich wohler gegenüber den Fragen und Verwirrungen des menschlichen Lebens in unserer unsicheren Zeit. Ich wurde mir eines einfachen Einsseins mit Gott bewusst, das alles im Leben erfüllte, ohne Anstrengung von meiner Seite her, und begann mich auch mit dem Rest der Menschheit und der ganzen Schöpfung eins zu fühlen. Johannes vom Kreuz beschreibt die Art stiller Gemeinschaft, zu der dieses Gebet hinführt: „Weil Gott dann in der Weise des Gebens von einfacher, liebender Einsicht mit ihm umgeht, soll auch der Mensch in der Weise des Empfangens von einfacher liebender Einsicht oder Achtsamkeit mit ihm umgehen" (L 3,34). Ist es das, was der hl. Paulus meint, wenn er von „durch und durch erkennen, so wie ich auch durch und durch erkannt worden bin" spricht (1 Kor 13,12)?

---

[7] Thomas Merton, *Seeds of contemplation,* London, The Catholic Book Club, 1950, S. 172.

„Nichts“ empfangen

Obwohl ich von einem Prozess spreche, der noch im Gang ist, habe ich in der Vergangenheitsform geschrieben; denn im Rückblick die deutlichen Bewegungen festzustellen ist leichter als zu versuchen, das Hin und Her des Lebens und Wachstums in der Gegenwart herauszugreifen. Eines der nützlichsten Dinge, die mir meine Novizenmeisterin je sagte, war, dass man üblicherweise nicht lange Zeit in einem Gebetszustand bleibt, egal in welchem. Das empfinde ich angesichts der scheinbar flüchtigen Qualität des Gebets, das ich zu beschreiben versucht habe, als beruhigend. Gerade wegen seiner Einfachheit kann es manchmal als schwer fassbar erscheinen. Da ist buchstäblich „nichts“, dessen man habhaft werden könnte, und es ist schwer dabei zu bleiben. Ich habe jedoch gelernt, dass nur das, wonach gesucht wird, flüchtig ist; es ist eben die Bedingung dieses Gebets, dass es nur empfangen werden kann. Es anzustreben heißt sofort, es für sich selbst zu definieren, ihm eine Form, einen Namen, eine Grenze zu geben und auf diese Weise daraus etwas anderes zu machen als die grenzenlose Einfachheit von Gottes Geschenk. Johannes vom Kreuz schlägt vor, sogar die Praxis des „liebevollen Aufmerkens“ manchmal bleiben zu lassen – als ob es, obwohl ganz gering, angesichts Gottes vollkommener „Geschenkhaftigkeit“ doch eine zu anstrengende Aktivität sein könnte (vgl. L 3,35).

Das Problem ist, dass die menschliche Natur (oder meine wenigstens) es als schwierig empfindet, jegliche Kontrolle aufzugeben und einfach zu empfangen. Der lebhafte Verstand, das sehnsüchtige Herz neigen dazu weiterzusuchen, unabhängig von der Tatsache, dass der Geist bereits angekommen und zufrieden ist. Und so gibt es zahlreiche Ablenkungen und Ruhelosigkeit gewinnt

die Oberhand und oft muss ich zum Ausgangspunkt zurückkehren: mir bewusst machen, was in mir vorgeht – den Ort … den Atem … das Wort … Das Problem hier ist, dass dieser Prozess des Zur-Ruhe-Kommens starke Ähnlichkeit mit dem hat, was geschieht, wenn wir uns am Abend schlafen legen. „Bruder Esel" fängt das Signal manchmal nur zu schnell auf und die Stunde Gebet kann zu einer „Kopf-Nickerei" werden! Aus demselben Grund jedoch finde ich, dass die Zeit vor dem Einschlafen oft der gebetsintensivste Moment des Tages ist. Auch habe ich bemerkt, dass – selbst wenn mir während des Betens die Ruhe abhandenkommt – ich ganz leicht mitten in Routinearbeiten dazu gelangen kann.

Durch Zerstreuungen hindurch beten

Zerstreuungen während der Gebetszeit sind eine Sache, aber es gibt auch einen zerstreuten *Zustand*, in dem es mir unmöglich ist, auch nur den ersten Schritt der Vorbereitungen auf das Beten durchzuführen. Wenn Gefühle intensiv sind, ist es leichter, darin „eingetaucht" zu bleiben als genügend zurückzutreten, um sie sich zu eigen zu machen und zu akzeptieren. Ihnen bloß zu erlauben zu *sein* erfordert schon ein Maß an Distanziertheit von ihnen, das ich noch nicht ganz erlernt habe. Das kann ebenso gut eine angenehme Störung, ein Gefühl von Aufregung oder Ablehnung oder ein Vorhaben sein, das mich in Anspruch nimmt – wie das Schreiben eines Kapitels dieses Buches! –, was mich tagelang ohne Unterbrechung irgendwo am Rande des Betens bleiben lässt. Trotz tiefer Sehnsucht bin ich scheinbar nicht ganz fähig oder gewillt, eine solche Bereitschaft zur Aufmerksamkeit aufzubringen, welche bedeutet, die aktuelle Beschäftigung zur Gänze aufzugeben und in die Ruhe einzutreten, die mich erwartet.

Dann gibt es da auch den tatsächlichen Widerstand. Manchmal stelle ich fest, dass mein Geist – sogar wenn er ruhig ist – ziellos herumstreift und dabei ausweichend jenen Ort der Ruhe vermeidet, an dem (wenn man hingelangt) Leben in Fülle ist, der aber immer kaum erreichbar scheint. Dieser Widerwille hat allerdings nur wenig Gehalt und ist, sobald man ihn erkannt hat, leicht zu überwinden. Von anderer Art ist der völlig unfreiwillige Widerstand, den ich mit der Zeit als Zeichen von Gottes direktem Handeln in mir erkannt habe, durch das noch eine weitere Schicht von „Sicherheiten" entfernt und meine Gemeinschaft mit ihm noch mehr vereinfacht wird. Seltsamerweise muss ein solcher Widerstand einfach ertragen werden als einzig ehrliche Antwort auf etwas, das ich nicht verstehe und von dem ich noch nicht weiß, wie ich anfangen soll, es zu ersehnen. Er ist nicht länger offene Rebellion, schon weil die Erfahrung mich gelehrt hat, dass solche Zeiten von Hilflosigkeit und düsterer Qual immer zu tieferer Wahrheit geführt haben. Der Schöpfer braucht den Widerstand des Steines, um die Form, die er darin sieht, freizusetzen.

Überaktivität, Zerstreuung, Widerstand: sie garantieren, dass die Momente, in denen ich mich als eins mit dem Wesen Gottes weiß, niemals lange dauern. Und doch: irgendwo gleich unter der Oberfläche aller offenkundigen Hindernisse besteht diese Wirklichkeit fort als der umfassende – wenn auch nur dunkel verstandene – Sinn und Kern des Lebens.

Ich bin bei dem „Ich bin“

Der Versuch, etwas so Einfaches und Zartes auszudrücken, bedeutet, es mit Worten zu beschweren, das ist mir bewusst. Ich habe scheinbar konkret gemacht, was nur sporadisch, flüchtig erhascht und sogar, um es zu erklären, nicht erfasst und festgehalten werden kann. Der einzige Grund, warum ich mich überhaupt dazu entschlossen habe, dieses Kapitel zu schreiben, ist, dass – wie ich glaube – sehr viele Menschen ihrem Gebet nicht genug Wert beimessen und es gerade in dem Moment schlechtmachen, in dem es keinerlei Hindernis mehr für die direkte Begegnung mit Gott bietet. Wenn alles, was wir in der Gebetszeit tun können, ist, da zu *sein*, dann müssen wir damit zufrieden sein, da zu sitzen und nur zu *sein*. An diesem Ort, in diesem Moment teilt Gott mit uns den göttlichen Namen, „ICH BIN“. Wir sind an der Schnittstelle von geschaffenem und ungeschaffenem Sein. Hier kann die Liebe Gottes unser ganzes Sein erfüllen und überfluten und dabei auf ihrem Weg jegliche Idee oder Erwartung von Gott, mit der wir uns immer noch beschäftigen könnten, fortspülen. Und dann beginnt die Sehnsucht, die das ganze Leben Jesu auf Erden bewegte, in uns Erfüllung zu finden: „Vater, ich will, dass alle, die du mir gegeben hast, dort bei mir sind, wo ich bin“ (Joh 17,24).

Kapitel 4

Kontemplation als Apostolat

Es wäre keine geringe Gnade,
die der Herr euch erwiese,
wenn ihr eine Seele dafür
(für das Gebet) sensibel machtet.

Teresa von Avila

Jedes Gebet ist apostolisch. Das heißt, jedes „Erheben des Geistes und Herzens zu Gott“ öffnet, von unserer Seite her, den Kanal der Kommunikation zwischen Gott und seiner Schöpfung und ermöglicht damit der Flut des Lebens und der Liebe Gottes, die Welt zu überschwemmen. Dies bewahrheitet sich zunehmend in dem Maß, wie sich das Beten hin zu Kontemplation entwickelt, auch wenn das nicht gleich offensichtlich sein mag.

Ein Apostel?

Wir können ohne Weiteres begreifen, dass ein Mensch, der am liturgischen Gebet teilnimmt, im Namen der ganzen Kirche betet und auf diese Weise mit anderen Menschen verbunden ist – auch über die unmittelbare Zusammenkunft hinaus. Wir verstehen auch, dass jemand im Fürbittgebet die Position eines Mediators für andere einnimmt, und können so ein Gebet als eine Form von Apostolat betrachten. Aber was ist mit der intimsten und individuellsten Art von Gebet – der Kontemplation? Wie ist ein Mensch in einsamer Zwiesprache mit Gott ein Apostel?

Ein Apostel ist einer, der gesendet ist, um die gute Nachricht vom Reich Gottes zu verkünden. Kann diese auch in Stille verkündet werden? Ja, allerdings. Durch Predigen und Lehren wird das Reich angekündigt, aber tatsächlich errichtet wird es nur im Herzen dessen, in dem Gott zu herrschen begonnen hat, und es blüht und gedeiht nur in dem Ausmaß, wie seine Herrschaft nicht gehindert wird. Gott volle Freiheit zu geben, in unser Leben zu treten und davon Besitz zu ergreifen, heißt, ein authentischer – wenn auch stiller – Apostel der frohen Botschaft zu sein.

Johannes vom Kreuz

Johannes vom Kreuz verwendet sehr gern das Bild eines Fensters, um seine Lehre über die Kontemplation zu veranschaulichen[8]. Er vergleicht den Menschen, der den Weg des Gebetes verfolgt, mit einem Fenster, durch das die göttliche Sonne scheint. In dem Maß, wie die Hindernisse für das Hereinstrahlen des Sonnenlichtes allmählich entfernt werden – in den aktiven und passiven Nächten der Läuterung –, wird das Fenster immer transparenter und ermöglicht so dem gleißenden Leuchten Gottes, das ganze Haus mit Licht und Wärme zu erfüllen. Die Strahlen von Gottes Liebe ergießen sich immer über das Haus der Menschheit, aber nur durch offene und empfängliche Herzen können sie ins Innere eindringen.

Teresa von Avila

Teresas Glaube an diese Wahrheit führte sie dazu, ihre kleine Gruppe kontemplativer Frauen zu ermutigen, ihr Leben zur Gänze dem Dienst für die Kirche zu widmen. In der militanten Atmosphäre im Europa des 16. Jahrhunderts, als christliche Führungspersonen der Bedrohung durch die Reformation mit Waffengewalt zu begegnen suchten, verglich Teresa ihr Kloster mit einer befestigten Stadt in Kriegszeiten. Der belagerte Landesherr kann von dort aus

---

[8] Vgl. S 2,5,6; N 2,8,3-4; CA 26,17; L 3,77.

kämpfen, im Vertrauen darauf, dass aufgrund der Loyalität der Bürger die Stadt nie erobert werden wird. Mit anderen Worten: sie glaubte, ihre Nonnen könnten im Gebet die Kirche in der Krise effektiver stärken als die Macht von Heeren (vgl. C 3,1).

Teresa bleibt bei der Metapher der Kriegsführung und geht so weit zu behaupten, dass der Kontemplative das Banner trägt, er reitet an der Spitze der Truppe, unbewaffnet und verletzlich. Der Fahnenträger kämpft nicht aktiv mit, sammelt aber die Truppen rund um das Banner ihres Herrn und „wenn [einer] das Banner preisgibt, ist die Schlacht unweigerlich verloren" (C 29,4). Dies ist das sehr anschauliche Bild, welches Teresa von dem Menschen zeichnet, der in Stille betet.

Thérèse von Lisieux

Ein anderes, für uns vielleicht attraktiveres und relevanteres Bild verwendet Thérèse von Lisieux in ihrer berühmten Aussage: „Im Herzen der Kirche, meiner Mutter, werde ich die *Liebe* sein"[9]. Verzehrt von apostolischer Sehnsucht, deren Erfüllung unmöglich schien, hatte sie überlegt, dass die Lebenskraft eines Körpers vom verborgenen Funktionieren des Herzens abhängt. Da verstand sie, dass es ihre Berufung als Kontemplative war, die vitale Energie der Liebe unaufhörlich durch den Leib Christi pulsieren zu lassen. (Heutzutage würden wir wohl – im Bewusstsein der Vernetzung aller Völker untereinander – die Analogie gern ausdehnen, um den ganzen Leib der Menschheit zu umfassen.)

9 Selbstbiographie, op. cit., S. 200 f.

Papst Paul VI. hatte das verstanden, als er schrieb: „Wenn kontemplative Seelen fehlen, wenn ihr Leben schwächer oder müde wird, wird es automatisch zu einer Verringerung der Energien des gesamten mystischen Leibes kommen." Ebenso auch Papst Johannes Paul II., als er sich an Kontemplative wandte und appellierte: „Seid bei mir, seid mir ganz nahe, ihr, die ihr im Herzen der Kirche seid."

Im Apostolat wachsend

Ein transparentes Fenster, das die Sonne durchlässt; der Bannerträger eines vorrückenden Heeres; das verborgene Herz, das Blut durch den Körper pumpt – das sind keine Bilder einer individualistischen Spiritualität, die friedvoll in eine private Erfahrung Gottes versunken ist. Sie weisen eher auf ein scharfsinniges, manchmal sorgenvolles Bewusstsein der Verantwortung für andere hin.

Viele Leute, die sich ernsthaft zu ihrer eigenen Reise des Gebetes aufmachen, wollen einfach ein tieferes spirituelles Leben erlangen und eine engere Beziehung zu Gott suchen, das ist wahr. Am Anfang mag vielleicht die Frage, ob dies zu irgendeinem Nutzen für andere sein wird, überhaupt nicht auftauchen; Teresa selbst war zuallererst motiviert durch ein besorgtes Verlangen, ihre Seele zu retten. Aber auf dem Weg des Gebetes ist man nicht weit unterwegs ohne ein wachsendes Bewusstwerden der Solidarität mit dem ganzen Volk Gottes und das bringt einen tiefen Sinn für Mission mit sich. Während unsere Vereinigung mit Gott sich vertieft, erkennen wir, dass wir eins sind mit allem, was zu Gott gehört. In dem Maß, wie wir Fortschritte machen im Gebet und in der Selbsthingabe Christi, der „die Kirche geliebt und sich für sie hingegeben hat" (Eph 5,25), werden wir dazu

geführt, uns immer mehr völlig mit den Bedürfnissen und Leiden, den Hoffnungen und Bemühungen der Kirche und der ganzen Welt zu identifizieren.

Diese Entwicklung können wir sehr klar in Teresas Leben verfolgen, weil sie deren aufeinanderfolgende Etappen für uns aufzeichnet. Das ihr gewährte Verstehen des schrecklichen Leidens, auf ewig von Gott getrennt zu sein, entfachte als erstes ihre Sehnsucht, ihre karmelitanische Berufung ernsthafter zu leben. Aus ihrer eigenen Furcht vor diesem Schicksal heraus wuchs ihr Verlangen, anderen zu helfen, eine solche Trennung auch zu vermeiden. „Ich glaube sicher, dass ich liebend gern tausend Tode auf mich nehmen würde, um eine einzige Seele aus so extremen Qualen zu befreien" (V 32,6). Ihr Verlangen, „Mittel und Wege zu erfahren, wie ich für so viel Böses Buße tun und wenigstens etwas tun könnte, um ein solches Gut zu gewinnen" (V 38,8) brachte sie dazu, die kleine Kommunität von St. Josef in Avila zu gründen.

Teresa beginnt das Buch *Weg der Vollkommenheit* mit der Erklärung, die Neuigkeiten über die zunehmende Ausbreitung der Reformation in Europa hätten – während die Gründung noch in Vorbereitung war – die Horizonte ihres Anliegens erweitert. Sie fasste die zerbrochene Gemeinschaft der Kirche als eine Attacke auf ihren geliebten Christus selbst auf und sehnte sich danach, „dass angesichts der vielen Feinde und der wenigen Freunde, die er hat, diese gut wären" (C 1,2). Ihre persönlichen Interessen verloren an Bedeutung. Sie schreibt: „Was macht es denn aus, dass ich bis zum Ende des Weltgerichts im Fegefeuer bleibe, wenn durch mein Gebet auch nur eine einzige Seele gerettet wird?" (C 3,6)

Einige Jahre später wurde ihr apostolischer Eifer dadurch weiter entflammt, dass sie von der Vielzahl von Menschen in der neuen Welt erfuhr, die Christus überhaupt nicht kannten. Sie beschreibt sich selbst als „untröstlich" und „so voller Kummer umhergehend", während sie zum Herrn schrie und ihn anflehte, ihr die Mittel zu geben, um fähig zu sein, etwas zu tun (F 1,7.8). Die Antwort des Herrn erkannte sie darin, dass ihr die Erlaubnis erteilt wurde, die Zahl ihrer Häuser des Gebetes zu vermehren. Irgendwie verstand sie, dass die Verbreitung ihres Ordens in Spanien Auswirkungen auf die Evangelisation zahlloser Menschen in Amerika hatte.

Das Apostolat des Zeugnisses

Der Mensch, der auf Gottes Wirken in der Gnade und im Kampf des Gebetes antwortet, wird diese Entwicklung sicherlich erfahren. Das Interesse an geistlichem Fortschritt wird langsam einem Bewusstsein weichen, dass man nicht für sich allein in die enge Umarmung der Gottheit hineingezogen wird. Ein Apostel ist einer, der mit einer Botschaft zu anderen geschickt wird, und der Person, die zu einer tiefer werdenden Beziehung zu Gott im Gebet eingeladen ist, wird als erste Botschaft anvertraut, dass eine solche Intimität für alle gedacht ist. Unerschütterliches Engagement im Gebet bezeugt, dass Gott die umfassende und letzte Antwort auf die Sehnsüchte des menschlichen Herzens ist und dass *Gott selbst sich nach uns sehnt* und jedem Menschen die Erfahrung liebender Begegnung mit ihm anbietet.

Teresa wünschte sich sogar, dass ihre Nonnen die Menschen, mit denen sie in Verbindung waren, aktiv ermutigten, die Übung des Gebetes zu beginnen und daran festzuhalten, sodass auch sie dessen Segen erfahren könnten: „Bemüht euch deshalb, Schwestern, allen Menschen, die mit euch zu tun haben, die Angst zu nehmen, mit etwas so Gutem anzufangen, sofern die Voraussetzung dafür und ein Ansatz zu Freundschaft da ist. … Es wäre keine geringe Gnade, die der Herr euch erwiese, wenn ihr eine Seele dafür sensibel machtet" (C 34,1.4).

Johannes vom Kreuz enthüllt das Ausmaß seines eigenen Eifers, als er seine Beschreibung der höchsten Stufe des Gebetes, der spirituellen Vermählung, mit diesem tief empfundenen Gebet schließt: „In diese [innere Sammlung] alle zu versetzen, die seinen heiligsten Namen anrufen, möge dem Herrn Jesus, dem liebenswürdigsten Bräutigam gefallen" (CA 39,6).

„Vereinigung mit dem Beten Christi"

Der *Katechismus der Katholischen Kirche* eröffnet weitere Überlegungen über die apostolische Natur des kontemplativen Gebetes: „Insofern das beschauliche Gebet am Mysterium Christi teilhaben lässt, ist es Vereinigung mit dem Beten Jesu" (Nr. 2718). Essenziell für das Mysterium Christi ist seine anhaltende Gemeinschaft mit dem Vater. Sie war es, die ihn ständig in seinem Dienst für den Willen des Vaters, dass alle durch ihn zum ewigen Leben kommen sollten, antrieb und unterstützte. Der Kontemplative ist dazu berufen, in dieselbe tiefe Kindesbeziehung einzutreten, die Christus dazu brachte, sich am frühen Morgen aus dem Haus zu stehlen, um Zeit und einen Platz für das Alleinsein mit seinem Vater zu finden. Diese Momente stiller Hingabe führten ihn – wie sie auch uns führen werden – hin zum Kreuz: zum „rein geistigen Kreuz und dem armen Geist Christi in seiner Nacktheit" (2 S 7,5).

Was sonst bedeutet denn Teilhabe am Mysterium Christi, als direkt einzutreten in seine österliche Erfahrung des Sterbens und Auferstehens zu neuem Leben? Johannes vom Kreuz lässt uns nicht im Zweifel daran, dass der Weg des Gebetes uns gerade hierhin führt. Er erinnert uns, dass Jesus den zwei Jüngern, die den Platz an seiner Seite einnehmen wollten, den Kelch anbot, den zu trinken er gerade im Begriff war: „Dieser Kelch bedeutet, seiner eigenen Natur abzusterben" (2 S 7,7). Johannes fährt fort: „Und da ich gesagt habe, dass Christus *der Weg* ist und dieser Weg darin besteht, unserer Natur im Sinnenhaften und Geistigen zu sterben, möchte ich nun verständlich machen, wie das nach dem Beispiel Christi geschieht, denn er ist unser Beispiel und Licht" (2 S 7,9).

Die schmerzhaften, befreienden Nächte der Sinne und des Geistes stellen einen Tod „nach dem Muster des Todes Christi" dar und führen zu einem reichlicheren Hereinströmen göttlichen Lebens, das sich infolgedessen in unserer Welt freier verbreitet. Johannes zögert nicht, dieses schwierige „Werk" des Kontemplativen mit Jesu Erlösungswerk in Verbindung zu bringen – „das größte Werk, das er in seinem ganzen Leben vollbracht hatte … das Menschengeschlecht mit Gott zu versöhnen und zu vereinen" (2 S 7,11).

„Eine Gemeinschaft der Liebe"

Der folgende Paragraph im Katechismus besagt: „Das beschauliche Gebet ist eine Gemeinschaft der Liebe. Es trägt Leben für viele in sich, wenn es einwilligt, in der Nacht des Glaubens zu verharren" (Nr. 2719).

Ein Mensch, der sich mit kontemplativem Gebet befasst, ist zugleich in Gemeinschaft mit Gott und „den vielen". In seinem Herzen vereinen sich zwei mächtige Kräfte: das verzehrende Feuer der Liebe Gottes und der Hunger der Menschheit zu lieben und geliebt zu werden. Nicht nur um seinetwillen nimmt Gottes Leidenschaft ihn in Besitz. Er muss sie anderen weitervermitteln, so wie der Felsvorsprung unter dem Wasserfall die erste Wucht der Gewalt des Sturzbaches auffängt, welcher dann als Gischt auf die Felsen darunter herabfällt.

Die selige Elisabeth von der Dreifaltigkeit hatte eine sehr einfache Art, dieses Weitervermitteln zu üben, und erklärt sie in einem Brief an eine Freundin: „Ich erhebe die Augen und schaue Gott an, dann senke ich den Blick wieder zu dir und setze dich den Strahlen seiner Liebe aus“[10]. Diese junge Karmelitin, die sich zu einem Leben in Schweigen und Verborgenheit hingezogen fühlte, hatte einen sehr ausgeprägten Sinn für Apostolat. Ihre Briefe und Exerzitien-Notizen sind voll davon, zum Beispiel als sie einem jungen Priester schreibt: „Von meiner geliebten Einsamkeit im Karmel aus will ich mit Ihnen Apostel sein, ich will arbeiten zur Ehre Gottes und dazu muss ich von ihm ganz erfüllt sein. So werde ich alles vermögen …“[11]. Einem anderen befreundeten Priester schreibt sie im Advent: „Ist dieses Feuer nicht die Liebe? Und ist es nicht auch unsere Aufgabe, die Wege des Herrn durch unsere Vereinigung mit ihm zu bereiten, den der Apostel ein ‚verzehrendes Feuer‘ nennt? Kommen wir mit ihm in Berührung, so wird unsere Seele zu einer Flamme der Liebe, die sich auf alle Glieder des Leibes Christi, seiner Kirche, ausbreitet …“[12].

[10] Brief 390 an Françoise de Sourdon, in: *Elisabeth von der Dreifaltigkeit, Gesammelte Werke – 3. Band,* Verlag Christliche Innerlichkeit, Wien 2006, S. 90.

[11] Brief 124 an Abbé Beaubis, in: *Elisabeth von der Dreifaltigkeit, Gesammelte Werke – 2. Band,* Verlag Christliche Innerlichkeit, Wien 2000, S. 65.

[12] Brief 250 an Abbé Chevignard, in: *Elisabeth von der Dreifaltigkeit, Gesammelte Werke – 2. Band,* S. 262.

Leben für viele tragend

Zweifellos ist Elisabeth hier von der Lehre des Johannes vom Kreuz beeinflusst, der auch Feuer und Liebe gleichsetzt. Wenn er den Weg des Gebetes darstellt als eine allmählich zunehmende Intensivierung und Reinigung unserer armseligen menschlichen Liebe, unter dem Wirken der göttlichen Liebe, der Quelle unserer Erlösung, verwendet er das Bild eines Holzscheits, das langsam zu Feuer verwandelt wird. Die Flammen entzünden erst die äußeren Ränder, dringen dann tiefer ein und erreichen schließlich das Innere des Holzes – und zerstören dabei alles, was sich ihrem Vordringen entgegensetzt. Letztlich ist das Scheit so sehr vom Feuer verzehrt, dass es selbst zum Feuer wird und dasselbe Licht, dieselbe Hitze wie das Feuer ausstrahlt, ohne irgendeinen Unterschied – „eine Flamme der Liebe". Von diesem Punkt aus strömt die Fülle des kontemplativen Apostolats. Johannes zögert nicht zu behaupten: „Denn ein Funken reiner Liebe ist kostbarer vor Gott, nützlicher für die Seele und segensvoller für die Kirche als alle anderen Werke zusammengenommen, wenn es auch den Anschein hat, als tue man nichts" (CB, 28).

Johannes selbst war ein beschäftigter Mann, der sich oft mit „diesen anderen Werken" befassen musste. Sein Argument ist: „Denn ein Werk kann in Wahrheit nur gut sein, wenn es vollbracht wird in der Kraft Gottes." Und bis seine Macht in uns frei wirken kann, werden wir mit unserem Tun „etwas mehr als nichts vollbringen, ja manchmal gar nichts" (CB, 28). Auf den letzten Seiten der *Inneren Burg* wiederholt Teresa ihre Überzeugung, der ganze Zweck des Betens sei der, dass wir die Stärke haben, den Menschen rund um uns zu dienen, dass aber unsere Werke nur so viel wert sind wie die Liebe, die ihnen zugrunde liegt.

So kann die Braut im *Geistlichen Gesang* – wie Johannes sagt – singen:
„Meine Seele hat sich eingesetzt
und mein ganzer Reichtum zu seinem Dienst;
ich hüte keine Herde mehr
noch habe ich eine andere Beschäftigung,
denn nur noch im Lieben besteht meine Übung" (CA, 19).

Oder wie Thérèse es einfach ausdrücken würde: „Meine Berufung ist die Liebe"[13]. In ihrer Nacht des Glaubens war sie bereit, dieser Berufung sogar am Tisch der Sünder nachzukommen, in ihrem Namen zu beten, damit gerade aus den Reihen der Gottlosen die Liebe Gottes sich erheben könne.

Die Fruchtbarkeit der Liebe

Die Frucht kontemplativen Betens ist ein Herz, das sich zu einer universellen Umarmung weitet. So intim eins zu sein mit der Liebe Gottes heißt sie den anderen zu übermitteln, nach dem überragenden Beispiel Marias, der Gottes-Gebärerin, *Theotokos*. Indem sie sich in den Dienst des rettenden Willens des Vaters stellte, *trug* Maria buchstäblich die direkte Begegnung mit dem Wort Gottes in einer Gemeinschaft der Liebe, bevor sie „das Leben für die vielen trug".

Gott ist die Liebe und er schuf uns, damit wir Liebe werden können. Was der gegenseitigen Liebe ihre Fruchtbarkeit verleiht, ist nicht die Stärke des Gefühls, sondern das Einssein der Willen. Sowohl Teresa als auch

[13] Selbstbiographie, op. cit., S. 200.

Johannes vom Kreuz definieren die Vereinigung mit Gott als den Punkt, an dem der Wille Gottes und der Wille des Menschen eins werden. „Die übernatürliche Gotteinung gibt es, wenn Wollen und Empfinden von beiden, nämlich des Menschen und Gottes, miteinander ganz übereinstimmen" (2 S 5,3). Und Teresa versichert uns: „Die Einung mit Gottes Willen ist die Einung, nach der ich mich mein Leben lang gesehnt habe; um sie bitte ich den Herrn immer wieder, denn sie ist die eindeutigste und sicherste" (M 5,3,5). Diese perfekte Harmonie der Willen ist das Zusammenfließen der Energien der Liebe, der stärksten Kraft der Fortpflanzung. „Wie die Rebe aus sich keine Frucht bringen kann … Wer in mir bleibt und in wem ich bleibe, der bringt reiche Frucht … Mein Vater wird dadurch verherrlicht, dass ihr reiche Frucht bringt" (Joh 15,4.5.8).

Eins zu sein mit Gottes Willen heißt, der göttlichen Sehnsucht vollkommen ergeben zu sein. Und Gottes Sehnsucht ist es, „dass alle Menschen gerettet werden und zur Erkenntnis der Wahrheit gelangen" (1 Tim 2,4). In unserer stillen Tiefe, endlich befreit von unserem persönlichen Tagesprogramm und aus dieser Sehnsucht lebend, wird unser Leben wahrhaftig Frucht bringen – zur Ehre des Vaters.

Auf diesem Berg wohnt nur
Gottes Ehre und Ruhm.

Epilog

Der Karmel als Garten

Das Wasser aus dem Himmel
kommt oft dann,
wenn es der Gärtner
am wenigsten erwartet.

Teresa von Avila

Von biblischer Zeit an bis zu den Anfängen des Karmel-Ordens im Mittelalter gibt es eine große Anzahl von Aussagen über die Schönheit und Fruchtbarkeit des Berges Karmel. Der Name „Karmel" bedeutet „Obstgarten" oder „Gartenland" und das Bild des Gartens ist in karmelitanischen Schriften oft zu finden. Teresa von Avila beschreibt die verschiedenen Stufen des Wachstums im Gebet mit vier Arten, einen Garten zu bewässern, und im *Geistlichen Gesang* von Johannes vom Kreuz wird die Vermählung zwischen Gott und der Seele in einem Garten vollzogen. Thérèse von Lisieux betrachtet sich selbst als „kleine Blume" im Garten Gottes. So ist es also vielleicht nicht verwunderlich, dass – wenn ich innehalte, um darüber nachzudenken, was der Karmel, das Land des Gebetes, für mich bedeutet – meine Gedanken einen Spaziergang in den Garten unternehmen.

Der Garten im Winter …

Ein Garten ist ein Ort, an dem lebende Dinge wachsen – nicht in Überfülle wie im Dschungel, sondern in geordneter und kultivierter Weise. Im Garten gibt es immer Leben, sogar in der scheinbaren Leblosigkeit des Winters. In den düsteren Tagen nach Weihnachten erfüllt in einer weit entfernten, feuchten Ecke im Garten des Klosters, in dem ich lebe, ein durchdringend süßer Duft die Luft. Ein großer Flecken Winterheliotrop blüht und gedeiht hier und dringt auf den schlammigen Pfad vor, der selten begangen wird. Jeder dicke, fleischige Stängel trägt eine Krone von Blüten, die man nicht als hübsch bezeichnen kann, und ihr zarter malvenfarbiger und grauer Farbton kommt nur gegenüber den toten Grasbüscheln vom letzten Jahr zur Geltung. Doch ich kenne keine Blume im Hochsommer mit solch einem starken Duft.

In einiger Entfernung, auf der anderen Seite eines der paar kleinen Hügel im Garten, befindet sich ein Gebüsch von Haselnusssträuchern. Auch hier bleibe ich bei einem Spaziergang im Jänner immer eine Weile stehen. Ein rauer Wind bewegt die kahlen Zweige und fast beiläufig fällt der Blütenstaub von den hin- und herschwankenden Kätzchen auf die winzigen roten Sternchen, die wartenden weiblichen Blüten. Lange bevor auf den Obstbäumen die Knospen zu schwellen beginnen, wird auf diesen kargen Zweigen das Mysterium des neuen Lebens angebahnt.

Wenn ich in Richtung Mitte des Gartens gehe, halte ich in meinen Schritten vor einer schlichten Einsiedelei zwischen zwei hohen Lindenbäumen inne. Hier finden sich in einem leuchtenden Farbklecks Gruppen von Winterlingen. Sie dringen sogar durch eine Schneedecke, als ob die Natur – um den kalten Wintertag aufzumuntern – eine kleine Teeparty geben und dabei ihre goldenen Tassen auf grünen Untertassen auf einem sauberen weißen Tischtuch anordnen würde. Dieser Anblick ist eine kühne Versicherung, dass der Frühling bestimmt kommen und eines Tages eine Schar Märzenbecher blühen wird.

Diese kleinen Wunder von Duft, Fruchtbarkeit und Farbe mitten im Winter sind kurzlebig und leicht zu übersehen; sie machen jedes Jahr eine besondere Wallfahrt notwendig, in Gummistiefeln und unter einem grauen Himmel. Aber wenn ich in winterlichen Phasen meines eigenen Lebens als Karmelitin vor ihnen gestanden bin, haben sie unweigerlich mein Herz höher schlagen lassen. Ich glaube, einer der großen Beiträge der Tradition der Karmelspiritualität ist es,

all den Mangel und Verlust und das Loslassen in unserem Leben in einen Kontext einzuordnen, all das, was bei unserer Suche nach Gott scheinbar negativ und sogar lebensbedrohlich ist. Johannes vom Kreuz spricht von einem Weg bei Nacht, Thérèse von einem „kleinen Weg", die große Teresa von einer Seidenraupe, die in ihrem Kokon verborgen ist. Wiederholt wird uns versichert, dass wenn wir uns ganz verloren und schwach fühlen und völlig anders als die, die wir gerne sein möchten, die Dinge so sind, wie sie sein sollten. Alles ist wesentlich für unser Wachsen in Gott hinein und es gibt Blumen, die nur in unserem Winter blühen.

… und im Frühling

Wenn nach den Winterlingen die Schneeglöckchen und Narzissen gekommen und verblüht sind und wir uns im späten Frühling befinden, decken Schlüsselblumen langsam den Hang hinter den Linden zu. An ihrer vollkommen einfachen Form und Farbe ist etwas, das mich an die Anfänge eines Lebens im Karmel denken lässt, wenn der Ruf noch ganz frisch ist und die Ideale erst noch erprobt werden müssen. Es ist die Zeit der Hoffnung, der Begeisterung und des Versprechens, aber es ist auch ein unsicherer Schritt hinein ins Unbekannte und die ersten Ergebnisse können beunruhigend sein.

Viele von uns kommen bereits mit einer guten Abwehr gegenüber den Verletzungen des Lebens in den Karmel und zeigen sich mit einer ziemlich annehmbaren Fassade. In der Stille des Klosters jedoch werden lange zum Schweigen gebrachte Schreie wieder laut und sorgfältig errichtete Barrieren bieten keine Sicherheit gegenüber einem Gott, der schon den wahren Menschen im Inneren in die Arme geschlossen hat und nur danach strebt, ihn zum Erkennen und Annehmen dieser Wahrheit zu verlocken. Der Verlust der vertrauten Art und Weise, das Leben zu bewältigen, und das Hochkommen von verdrängtem Schmerz können eine überwältigend beängstigende und verwirrende Erfahrung sein. Ein in Therapiezentren häufig ausgehängter Text warnt: „Die Wahrheit wird Sie frei machen – aber zuerst wird sie wie verrückt weh tun." Manche Menschen müssen diesen Weg in die Wahrheit in einer weniger intensiven Weise auf anderen Straßen des Lebens fortsetzen. Manche bleiben unter dem glühenden Blick Gottes, indem sie sich grundsätzlich zum kontemplativen Gebet – als ihrem Weg zu spiritueller Reife – verpflichten. Doch der Garten des Karmel kennt keine Grenzen und alle seine Pfade führen zu einer wachsenden Freiheit in Gott. Ich sehe die Schlüsselblumen niemals verwelken. Das Sommergras rund um sie wird einfach länger, sie werden dem Blick verborgen.

Eine Zeit zum Sterben

Gegenüber dem Hang mit den Schlüsselblumen stand einst eine große Trauerweide. Sie war nicht so wie die ordentlich kuppelförmigen unserer Vorstädte, sondern wie die, die an Flussufern wachsen, mit Zweigen, die sich in einem völligen Durcheinander in alle Richtungen ausbreiteten. Es war ein alter Baum mit einer Höhle im Stamm, wo jedes Jahr eine Stockente nistete. (Wir entdeckten nie, wie sie ihre vor kurzem ausgebrüteten Flaumkugeln zum Boden brachte, um sie auf ihre erste flotte Wanderung auf der Suche nach Wasser mitzunehmen.) Eines Nachts, als alle im Kloster schliefen, stürzte der riesige

Baum zu Boden. Er machte dabei keinen Lärm, den irgendeine von uns hörte, und verursachte beim Fallen keinen Schaden, aber er lag mit weithin ausgebreiteten Zweigen da, wie eine Karmelitin an ihrem Professtag, ausgestreckt auf dem Boden, ihr Mantel um sie ausgebreitet. Die Anmut seines Sterbens erinnerte uns auch an die Art, wie eine alte Karmelitin dem Tod begegnet, ohne Lärm oder Dramatik. Ich bin am Sterbebett so vieler unserer Schwestern gesessen und habe selten körperlichen oder seelischen Schmerz wahrgenommen. Es waren Frauen, in denen die langen, langsamen, vom Geist Gottes gewirkten Läuterungen sich der Vollendung näherten. Wenn die Tiefe ihrer Vereinigung mit Gott uns auch oft durch die Einschränkungen und Eigenheiten des Alters verborgen war, so leuchtete sie doch in der vollkommenen Natürlichkeit auf, in der sie „aus dieser Welt zum Vater" (Joh 13,1) hinübergingen.

Ein Beispiel muss genügen. Eine alte Schwester aus Lancashire lag ganz still, ihre Augen andächtig geschlossen, während die Kommunität rund um sie die Sterbegebete betete. Nachdem die Schwestern bis auf eine, die an ihrem Bett blieb, den Raum verlassen hatten, öffnete sie ein Auge und fragte, mit einem schelmischen Blick auf ihre Gefährtin: „Wie schaue ich denn jetzt im Sterben aus?" „Sehr hübsch", war die Antwort. „Ach, mach mich hier nicht eitel", kicherte die alte Nonne; „ich werde einen Rang in der Notenskala einbüßen!" Als sie in den frühen Morgenstunden des nächsten Tages starb, wurde – wie bei so vielen anderen – der Moment ihrer endgültigen Hingabe nur durch die Stille gekennzeichnet, die ihrem letzten Atemzug folgte.

Als die alte Weide starb, kamen die Baumchirurgen und sägten ihre Äste ab. Sie stapelten die Holzscheiter über dem zersplitterten Strunk auf und machten ein gewaltiges Feuer. Alles, was am nächsten Tag zurückgeblieben war, war eine kleine verkohlte Spitze inmitten eines Aschekreises. Etwa fünfzehn Jahre vergingen, da ging neben diesem geschwärzten Überbleibsel ein kleiner Trieb auf. Er wuchs schnell und heute steht da eine schöne schlanke Trauerweide, die ihre jungen Zweige in den freien Raum reckt. Die Gleichnisse der Natur machen einen Kommentar überflüssig.

Das Haus des Gärtners

Von diesem Teil des Gartens aus hat man einen freien Blick auf die lange Westfront des Klosters, mit dem Glockenturm, der dahinter in die Höhe ragt. Hier entfaltet sich der tägliche Rhythmus des Lebens der Karmelitinnen, die verschiedenen Elemente von Arbeit und Gebet, die so vorhersagbar aufeinanderfolgen wie die Bewegungen eines Tanzes. Diese geordnete Routine – durch den Zyklus der Liturgie so bunt wie der Garten in den wechselnden Jahreszeiten – gehört zum Wesensgehalt des Karmel. Das ausgewogene Muster der Wiederholungen gestaltet das Leben der Karmelitin und formt sie zu einer Einfachheit und einer inneren Ruhe, die die Basis eines Lebens in ständigem Gebet sind. Dies ist zumindest das Ideal! Wäre es doch immer so problemlos!

Jedes der identischen Fenster im oberen Stockwerk des Hauses weist auf die Zelle einer Schwester hin. (Eine „Zelle“ wie bei einer Bienenwabe, nicht wie in einem Gefängnis!) Sie ist ihr „Rückzugsort“, der ihr das Maß an Einsamkeit gewährleistet, welches für ein kontemplatives Leben notwendig ist. Am Ende des Ganges mit den Zellen befindet sich der Schwesternchor, ihr Ort des Gebetes, der mit der öffentlichen Kapelle verbunden ist. Unterhalb der Zellen sind der Gemeinschaftsraum und der Kapitelsaal.

An diesen Orten betet die Kommunität gemeinsam, hält gemeinsam Rekreation, überlegt gemeinsam und kommt zu gemeinsamen Erkenntnissen. Doch in der Zelle ist jede allein mit Gott, verfügbar für das Wirken der göttlichen Liebe, die sie allmählich zur Wahrheit aufweckt.

Jede Zelle einer Karmelitin beherbergt die Geschichte einer fortlaufenden Bekehrung. Die kahlen Wände sind Zeugen von Stunden des Kampfes und Widerstandes gewesen, „dass, wenn ich ihn habe, ich nichts neben ihm besitzen darf"[14]. Sie haben in einsamen Zeiten am Rande der Verzweiflung angesichts persönlicher Schwachheit und Unzulänglichkeit Schutz geboten. Sie haben sicher den unruhigen Geist umfasst, der von weniger radikalen Wegen träumte, um dem Ruf, der sich nicht zum Schweigen bringen lassen wird, Antwort zu geben. Die Zelle ist Heim für die langen Spannen „gewöhnlicher Zeit", in denen ein Mensch lernt, was es bedeutet, aufmerksam für Gott zu leben, in allem auf Gott hin ausgerichtet. Und sie behütet gesegnete Momente von Antwort auf Gottes Treue und von ruhiger Vereinigung mit dem Geliebten.

Wie die Mönche, die den Karmel begründeten, gut wussten, fördert die Zelle die langsame Entwicklung des Lebens in Gebet und Selbsthingabe, das Früchte trägt in einem wachsenden Sinn für die göttliche Gegenwart im Innersten. Das Wissen der reifen Karmelitin um die Einheit mit dem Leben Gottes durchzieht in der einfachst möglichen Art und Weise ihre Arbeit, ihr Gebet, ihre Beziehungen zu anderen, ihr persönliches Streben – alles durchdrungen von erhöhter Bewusstheit und Aufmerksamkeit. Es bewirkt auch zunehmend verfeinerte Ansprüche. Das Licht Christi

---

[14] Aus: „The Hound of Heaven", in *The Works of Francis Thompson, Bd. 1*, London: Burns, Oates & Washbourne, [1913], S. 107.

und seines Evangeliums reicht in tiefere Ebenen des Lebens und enthüllt jede selbstsüchtige und selbstschützende Haltung, in einem Maß, das letztlich – obgleich es immer noch schmerzhaft ist – als befreiend willkommen geheißen wird. Tatsächlich liegt die größte Freiheit darin, furchtlos in seiner eigenen Wahrheit vor dem Mysterium von Gottes Wahrheit zu stehen. Irgendetwas im menschlichen Geist hungert danach, in unaufhörlichem Sehnen nach der vollen Verwirklichung der Verheißung Christi: „Wenn aber jener kommt, der Geist der Wahrheit, wird er euch in die ganze Wahrheit führen" (Joh 16,13). Ich glaube, das Wesen dessen, was der Karmel für mich bedeutet, liegt darin: Seine ganze spirituelle Lehre bekräftigt und zeigt, dass das Streben nach Wahrheit die zentrale Suche im Leben ist. Der Karmel ist nichts anderes als der Garten, in dem dieses Wachstum vor sich geht.

Der umschlossene Garten

Weiter oben habe ich gesagt, der Garten des Karmel habe keine Grenzen, und doch gehe ich in einem Garten herum, der an allen Seiten mit einer 6,7 Meter hohen Mauer umgeben ist! Diese eindrucksvolle Grenze erfüllt erfolgreich ihren Zweck, mitten in der Innenstadt von London Abgeschiedenheit für ein ständiges Leben im Gebet zu gewährleisten. Sie symbolisiert auch den umschlossenen Garten des Herzens, der bei jedem Schritt im Leben bewahrt werden muss, wenn sich ein Geist des Gebetes und der Innerlichkeit entwickeln soll.

Für die klausurierte Karmelitin schafft die lebenslängliche Praxis der Klausur das Ökosystem, in dem diese vergleichsweise seltene Berufung sich am besten entfalten